Hubertus Brantzen
Marie-Luise Langwald

Zwischen Tigris und Euphrat

Irak –

ein biblisches Land

kbw bibelwerk

PATRIS VERLAG

Bibliografische Information der Deutschen Bibliothek:
Die Deutsche Bibliothek verzeichnet diese Publikation in der
Deutschen Nationalbibliografie; detaillierte
bibliografische Daten sind im Internet über
http://dnb.ddb.de abrufbar.

© 2008 by Patris Verlag GmbH, Vallendar
                    Verlag Katholisches Bibelwerk, Stuttgart
ISBN 978-3-460-3278-3   (Verlag Katholisches Bibelwerk)
ISBN 978-3-87620-309-6   (Patris Verlag)
Umschlaggestaltung: Finken & Bumiller, Stuttgart
Bilder: Hubertus Brantzen, Marie-Luise Langwald
Druck: PBtisk s.r.o., Tschechische Republik
www.patris-verlag.de · www.bibelwerk.de

Inhaltsverzeichnis

Vorwort

Schreckensbilder aus dem Irak erscheinen seit Jahren fast täglich im Fernsehen und in den Zeitungen. Ein Land blutet, und wir müssen mehr oder weniger hilflos zuschauen.

Die Situation der Christen, besonders auch die der chaldäischen Kirche, war unter der Herrschaft Saddam Husseins schwierig. Immerhin konnten die Christen aber ihren Glauben ausüben, erhielten sogar vom Staat gewisse Unterstützungen für ihre Kirchen und Gemeindezentren. Die Kirche half, auch mit Unterstützung deutscher Hilfswerke wie „Kirche in Not", im Land etwa durch Medikamente Not zu lindern, die durch die politischen Sanktionen zustande kam. Das brachte der Kirche sogar ein gewisses Ansehen ein.

Nach dem Regimewechsel ist die Lage der christlichen Gemeinden erschreckend. Christen werden nicht selten verfolgt, ihre Kirchen von fanatisierten Landsleuten zerstört. Aus Angst haben inzwischen wohl die meisten von ihnen das Land verlassen.

Die Auseinandersetzungen im Irak lassen vergessen, dass das Land zwischen Tigris und Euphrat ein biblisches Land ist. Hier finden sich gemeinsame Wurzeln der drei großen Weltreligionen, Judentum, Christentum und Islam. Dieses Buch geht diesen Wurzeln nach. Es ist ein Beitrag, den Dialog und damit den Frieden zwischen den Religionen in diesem

Land zu fördern. Es ist damit zugleich ein Beitrag, der auf die Situation der Christen im Irak aufmerksam macht und mahnt, die christlichen Schwestern und Brüder im Nahen Osten nicht zu vergessen.

Februar 2008

Karl Kardinal Lehmann

Einladung zum Dialog

Seit Jahren werden fast täglich Bilder von Gewaltta-
ten im Irak gezeigt. Die rivalisierenden islamischen
Konfessionen der Schiiten und Sunniten liefern sich
Gefechte. Terrorgruppen verunsichern das Land.
Tausende Unschuldiger sterben durch Bomben und
Attentate. Immer neu auftauchende Schreckensbilder überfluten die Köpfe und Herzen der Menschen. Auch nachdem Saddam Hussein, der Dikta-
tor des alten Terrorregimes, hingerichtet wurde, ist
das Land noch nicht zur Ruhe gekommen. Die Menschen sind weit weg von einem normalen Leben oder
gar einer Demokratie, die westliche Friedensbringer
dem Land bescheren wollten.

Die aktuellen Bilder lassen die reiche Geschichte des Landes zwischen Euphrat und Tigris fast vergessen. Entwicklungen, die für unsere gesamte Kultur wichtig sind, fanden hier statt. Über Jahrtausende
wurden hier Weichen für gesellschaftlichen und kul-
turellen Fortschritt gestellt. Der Irak hat viel mehr zu
bieten als das, was derzeit Schlagzeilen macht.

Dieser gegenwärtige Eindruck des Landes im
Nahen Osten lässt ebenfalls in den Hintergrund treten, wie sehr der Irak und damit Mesopotamien die
Botschaft der Bibel geprägt hat. Der Irak ist ein biblisches Land, besonders das Land, das mit vielen
biblischen Propheten verbunden ist. Hier befinden
sich die Wurzeln jenes Abraham, auf den sich die biblische Botschaft und die drei „abrahamitischen Religionen", Judentum, Christentum und Islam, immer
wieder beziehen.

Vor dem Sturz Saddam Husseins und dem damit verbundenen Krieg waren wir im März 2001 mit einer Reisegruppe im Irak. „Auf den Spuren Abrahams" war die Fahrt überschrieben. Religions- und Kulturgeschichte und deren spirituelle Dimensionen standen auf dem Programm.

Es gab zu diesem Zeitpunkt fast keine Reiseliteratur über den Irak. So entschlossen wir uns zu einem Abenteuer, das mit vielen organisatorischen Problemen belastet war. Ein einziges Mal trafen wir während der 13-tägigen Reise auf eine andere Reisegruppe.

Was wir fanden und erlebten, war überwältigend: Menschen von größter Freundlichkeit; Menschen, die sehr genau, doch auch völlig offen beobachten, wie wir uns als Christen in ihrem Land bewegten; Orte, die die Menschheitsgeschichte entscheidend mitprägten; und vor allem Namen von Menschen und Stätten, die uns besonders aus der Bibel geläufig waren.

Der Irak wird als Reiseland wohl für lange Zeit verschlossen bleiben. Mit diesem Buch möchten wir Sie an unseren Erfahrungen und Überlegungen teilnehmen lassen.

Zu den einzelnen Stätten und Namen geben wir jeweils eine Beschreibung, schildern unsere Erfahrungen und fragen, welche Bedeutung sie für uns heute haben. Aus der offenen und besinnlichen Beschäftigung entstanden die meditativen Texte, die jedem Abschnitt zugeordnet sind.

Hubertus Brantzen   Marie-Luise Langwald

Ninive
Nimrud
Assur
Tigris
Euphrat
Bagdad
Babylon
Kerbela
Uruk
Ur
Basra

„Denkmal der Märtyrer" des irakisch-iranischen Krieges 1980-1988, ein Wahrzeichen des modernen Bagdad

Bagdad –
das Gottesgeschenk

Bagdad hat als Hauptstadt des Irak in den vergangenen Jahren eine neue, aber traurige Berühmtheit erlangt. Keine Stadt der Welt wird wohl rund um den Globus so oft in Nachrichtensendungen genannt und gezeigt wie diese Stadt am Tigris. Badad ist zum Zeichen für Terror und Unsicherheit geworden.

Als 2003 die amerikanischen Streitkräfte Bagdad eroberten, fand zugleich eine Zerstörung und Plünderung dessen Geschichte statt. Die Nationalbibliothek mit alten Manuskripten brannte aus, das Irakische Museum wurde geplündert, wenn auch viele geschichtsträchtige Stücke bald wieder gefunden wurden.

Bevor die Stadt Bagdad 762 vom Kalifen al-Mansur als neue Hauptstadt seines islamischen Reiches gegründet wurde, war an dieser Stelle nur ein kleines Dorf mit einem christlichen Kloster zu finden. Bagdad bedeutet in persischer Sprache „Gottesgeschenk". Und in der Tat entwickelte sich die Stadt im Laufe seiner Geschichte prächtig. An einem Knotenpunkt vieler Handelsstraßen gelegen, erlebte sie im Mittelalter ihre größte Blüte. Eine erste Hochschule für islamisches Recht wurde 1065 gegründet. Es war berühmt für seine medizinische Ausbildung und für das Wissen in vielen Disziplinen. Seine wechselvolle Geschichte durch die Jahrhunderte ist gekennzeichnet durch Zerstörung und Wiederaufbau in verschiedenen Perioden. 1921 entstand unter britischer Kontrolle das Königreich Irak. 1932 wurde der Irak formell, 1946 auch real selbstständig.

Abgesehen von den im Museum verwahrten Kulturgütern, die Zeugen einer reichen Vergangenheit sind, sind es vor allen Dingen der Aabbasiden-Palast (nach 1198), das alte Universitätsgebäude Madrasa Al-Mustansiriya (13. Jahrhundert) und die Moscheen, zu denen Touristen geführt werden. In den Moscheen stehen Sarkophage von als heilige Männer verehrten Imamen, zu denen die Menschen in Andacht pilgern.

Erlebnis

Die Anreise nach Bagdad ist unter der Herrschaft Saddam Husseins kompliziert: Flug nach Amman in Jordanien, dann eine fast Tausend Kilometer lange Fahrt in die Hauptstadt des Irak. An der Grenze müssen neue ärztliche Atteste vorgelegt werden, die bescheinigen, dass jeder einzelne Besucher frei ist von Aids. Fehlt das Attest, wird eine Blutprobe entnommen. 350 US-Dollar beträgt das „Eintrittsgeld" in den Irak, das an der Grenze entrichtet werden muss. Das darüber hinaus mitgeführte Geld wird registriert, um bei der Ausreise die Ausgaben kontrollieren zu können. Fotoapparate werden registriert, Handys müssen abgegeben werden. Bei der Ausreise, so heißt es, können sie wieder abgeholt werden. Der Grenzübergang wird zu einer aufregenden Sache.

Tell Harmall im Außenbezirk Bagdads, Fundort altbabylonischer Keilschrifttafeln mit Gesetzestexten und mathematischen Aufzeichnungen

In Bagdad angekommen, fahren wir vor dem Hotel Al-Rashidia vor, dem luxuriösesten Hotel des Landes, das den Touristen die staatliche Gastfreundschaft zeigen soll. Beim Betreten des Hotels werden wir erneut mit der harten Realität konfrontiert. Will man durch die Tür eintreten, muss man über ein Portrait von George Bush dem Älteren laufen. Unter dem Portrait lesen wir die Worte „Bush is criminal". Man muss ihm sozusagen ins Gesicht treten, um ins Hotel zu gelangen.

Dieses Bild begleitet uns, wenn wir dann in der Stadt Bagdad fast an jeder Straßenecke und überall im Land mit einem anderen Portrait konfrontiert werden, mit dem von Saddam Hussein in allen Lebenslagen: vor der Moschee als Betendem, vor der Kaserne als Kriegsherr, als lächelnder Führer, als Kinderfreund.

Der jüngere George Bush hat inzwischen – nach unserem Irakbesuch – alle Bilder gestürzt. Doch scheint es so, als würden viele Menschen im Land gerne auch über sein Portrait laufen, bevor sie ihre Häuser betreten. So scheinen die reiche Kultur und Geschichte des Landes gebrochen an der harten, ja gnadenlosen politischen Realität.

Eine Fahrt in einen Außenbezirk Bagdads führt uns zu den Ruinen von **Tell Harmall**. Der Ort schlägt – so erleben wir es, wenn wir aus dem modernen Bagdad kommen – einen geschichtlichen Bogen zurück ins zweite Jahrtausend vor Chr.. Breite, zum Teil rekonstruierte Grundmauern zeigen ein Stadtgebiet mit Tempelanlagen, Verwaltungsgebäuden und Privathäusern. Tell Harmall wurde bekannt und berühmt durch altbabylonische Keilschrifttafeln, die mathematische Probleme, Informationen über Tiere und Pflanzen sowie Probleme der Rechtsprechung aufzeigen.

Am Rande des Areals befindet sich ein kleiner Isis-Tempel aus etwas jüngerer Zeit. Er besticht durch seine schlichte Bauweise. Auf seinem Flachdach wird uns ein Überblick über die gesamte Anlage beschert.

Eine Fahrt etwa 30 Kilometer südlich von Bagdad führt uns zu den Ruinen der alten Hauptstadt, **Ktesiphon**. Hier bestaunen wir ein weit gespanntes Bogenbauwerk, das „Bogen des Khosrow" genannt wird. Der Bogen erweist sich als der vordere Teil eines riesigen Thronsaales mit dem größten, aus Ziegelmauerwerk errichteten Tonnengewölbe der Welt. Es ist ein Teil eines Sasaniden-Palastes aus dem dritten Jahrhundert nach Chr..

Bedeutung

Der eindrucksvolle Bogen von Ktesiphon wird uns zum Symbol für die gesamte Reise durch den Irak. In mächtigen Schritten schreiten wir durch Zeugnisse aus Jahrtausenden. Wir kommen zu Orten, die von einer fünftausendjährigen Geschichte erzählen – und zu Orten, die uns unausweichlich mit der Lage des Landes und seiner Menschen in der Gegenwart konfrontieren. Wir müssen innerlich einen Bogen schlagen zwischen einer Zeit, in der mythologische Gottheiten die Vorstellungswelt der Menschen prägten – und einer Zeit, in der der Islam den Glauben und die Gesetze der Menschen bestimmt.

Allerdings zeigt die Ruine von Ktesiphon nahe Bagdad auch Verbindendes über die Jahrtausende hinweg, auch Erschreckendes, das den Menschen früherer Kulturen und Zeiten und den Menschen von heute gemeinsam ist. Damals wie heute sind die Menschen zu gigantischen Leistungen des Geistes und des Handelns fähig. Der riesige Bogen von Ktesiphon kann heute in gewaltigen Bauwerken neu entdeckt werden, etwa in Wolkenkratzern, die zum Himmel empor gebaut sind. Damals wie heute lösen sie Faszination aus.

Doch sind sie damals wie heute auch eine Demonstration der Macht und des Machtanspruchs. Wer so bauen kann – so sprechen die Bauten zu uns –,

Chaldäische Christen, die sich über den Kontakt mit Christen aus dem Westen freuen

darf auch bestimmen, wie die Weltgeschichte verlaufen soll. Der Sasaniden-König Sapur (241-272), dem zumindest ein Teil des Bauwerkes von Ktesiphon zugeschrieben wird, bezeichnete sich selbst als „König der Könige". Solche Könige, gekrönte oder ungekrönte Häupter, wird es wohl zu allen Zeiten geben, wie auch die jüngste Geschichte und die gegenwärtige Situation des Irak und seiner Hauptstadt zeigen.

Und ein Weiteres verbindet die Menschen und Kulturen aller Zeiten: Was den Aufstieg des einen bedeutet, bedeutet den Niedergang oder gar Untergang des anderen. Reiche kommen und gehen. Zurück bleiben oft die stummen Zeugen einer glorreichen Geschichte in Form von Ruinen. Die Risse im großen Bogen von Ktesiphon sprechen eine deut-

liche Sprache. Vielleicht – so denke ich in diesen Tagen oft – ist der Bogen aber ja auch schon in sich
zusammengefallen. Zum Trümmerfeld geworden wie
das Land, in dem er steht – oder stand...

Ktesiphon, heute Al-Mada'in, Fassadenteil des sasanidischen Königspalastes mit dem größten ungestützten Ziegelsteinbogen der Welt

Herzblut

Mit Herzblut haben Menschen gebaut –
Tempel,
Paläste
und Häuser.
Sie haben gewohnt
und – Gott – bei sich wohnen lassen.

Mein Herz blutet,
wenn ich sehe,
was wurde:
verfallene Häuser,
rissige Paläste
und Tempel-Ruinen.

Mein Herz blutet
und weint
an jedem Abend,
wenn blutende Menschen,
zerfetzte Körper
und Tote
zeigen, wozu Menschen fähig sind.

Ich stelle mir vor, dass dein Herz blutet, Gott,
beim Blick auf dein Geschenk an uns –
Bagdad – das Gottesgeschenk.

Blick auf die Grabmoschee des Imam Al-Hussein, dem Enkel des Propheten Mohammed und Sohn von Ali und Fatima

Kerbela – die heilige Stadt

An einem Euphratkanal und am Rande der syrischen Wüste gelegen, ist Kerbala eine der bedeutenden schiitischen Wallfahrtsstätten. Die Stadt beherbergt zwei Heiligtümer, die Grabmoschee des Imam Al-Hussein und die des Imam Al-Abbas. Verbunden sind die beiden Moscheen durch einen großen, lang gestreckten Platz. In der sonst eher schmutzigen Stadt stechen diese beiden Heiligtümer wie kostbare Schmuckstücke deutlich heraus.

Beide Moscheen sind nach dem gleichen Muster erbaut und mit vielfältiger Keramikkunst verziert. Reich gestaltete Bogenarkaden, Fayenceverkleidungen, mit Zinnglasur bemalter Ton und Arabesken, rankenförmige Verzierungen, prägen das Bild. Die Grabräume selbst strahlen eine unglaubliche Atmosphäre aus und sind mit einer Pracht ohnegleichen ausgestaltet.

Am deutlichsten sind die beiden Moscheen durch die verschiedenartige Vergoldung ihrer Minarette zu unterscheiden. Die Minarette des Al-Hussein-Schreins sind vollständig vergoldet, die des Al-Abbas-Schreins nur im oberen Bereich.

Andächtige Muslime beschreiten die Hallen der Moscheen. Immer wieder bringen Menschen ihre

Verstorbenen, getragen in einem Sarg auf den Schultern der Freunde und Verwandten, zu den Schreinen, um Hilfe für die letzte Reise der Toten zu erbitten.

Erlebnis

Ergriffen von so viel Herrlichkeit, erzählt der Guide die Geschichte dieser Heiligtümer und derer, die hier beigesetzt und verehrt werden: In der frühislamischen Zeit fanden erbitterte Kämpfe um die Nachfolge Mohammeds statt. Der Umayyade Muawiyya besiegte den vierten Kalifen und ersten Imam der Schiiten, Ali, den Vetter und Schwiegersohn Mohammeds. Die Söhne Alis und Fatimas, der Tochter Mohammeds, stellten zunächst keine Machtansprü-

Die Minarette der Grabmoschee des Imams Al-Abbas, des Bruders Husseins

Kachelmuster an der Wand der Moschee

che. 680 wurden Hussein, ein Sohn Alis, und dessen Halbbruder Abbas bei einer Reise von Mekka nach Kufa abgefangen und mit fast der ganzen Reisegruppe ermordet.

Die Todesstelle der schiitischen Märtyrer wurde bald zur Wallfahrtsstätte, an der Moscheen erbaut wurden. Nach einer wechselvollen Geschichte, die von künstlicher Überschwemmung, Vernichtung und Wiederaufbau gekennzeichnet war, erstrahlt sie heute in dem beschriebenen Glanz und ist Anziehungspunkt für Millionen von Pilgern.

Bedeutung

Der Kampf der muslimischen Glaubensrichtungen, der Schiiten und Sunniten, der auch gegenwärtig in aller Härte im Irak geführt wird, hat also seinen Ursprung bereits in der frühesten Zeit der Weltreligion Islam. Dabei ging es offensichtlich nicht um den Glauben an sich, sondern um Machtansprüche unter den Nachfolgern des Religionsstifters.

Als Menschen des 21. Jahrhunderts schütteln wir verständnislos den Kopf: „Wie kann heute so etwas noch möglich sein?" Doch als Christen müssen wir uns in solchen Beurteilungen eher zurückhalten. Religionskriege zwischen Katholiken und Protestanten kennt auch die christliche Geschichte. Friedensbemühungen, wie etwa in Nordirland, lassen immer wieder auf ein Ende der Gewalt hoffen, erscheinen aber oft als sehr brüchig und gefährdet.

So ist es nicht verwunderlich, dass heutige Zeitgenossen Probleme von Gewalt und Auseinandersetzung nicht zuletzt dadurch meinen lösen zu können, dass der Einfluss der Religionen im öffentlichen Leben verringert oder ganz verhindert wird. Religionen haben offensichtlich ein Potential, Menschen zu radikalisieren und auf Kreuzzüge verschiedenster Art einzuschwören, wenn es ihnen nicht gelingt, ihre eigentliche Aufgabe in den Vordergrund zu stellen: Sinn zu stiften.

Beter am Eingang der Moschee

Blick in die Stadt Kerbela

Wallfahrt zum Heiligtum

So viel Pracht
und Schönheit
und Glanz in Kerbela.
Ein Abbild deiner Schönheit, Gott.
Ich möchte hinsehen
und staunen.

Und so viel Leid
und Schmerz
und Blut in Kerbela.
Ein Zeichen menschlicher Grausamkeit.
Ich möchte wegsehen
und weinen.

Wenn Menschen Menschen töten,
wenn Menschen Kriege führen
im Namen der Religion,
wenn Menschen sich selbst töten
in deinem Namen,
dann hilf uns hinsehen
und handeln.

Und jede Wallfahrt,
jedes Gebet
und jeder sehnsuchtsvolle Ruf
will dich bewegen.
Gott des Friedens, komm!

Zusammenfluss von Euphrat und Tigris in Al-Qurna, wo sich der Überlieferung nach der Garten Eden befand, mit Blick auf den Schatt-el-Arab

Basra – der Garten Eden

Auf jedem noch so kleinen Globus kann man den Punkt entdecken, an dem Euphrat und Tigris zusammenfließen und sich zum Schatt-el-Arab vereinen. In Mesopotamien, im heutigen Irak, 75 km nördlich von Basra, am Ort Al-Qurna (Gurna) – dort soll sich der Überlieferung nach der Garten Eden befunden haben.

Durch ein mit einer Mauer eingegrenztes Rechteck wird der Paradiesesgarten angedeutet. Mitten in diesem Garten mit nur wenigen Pflanzen steht ein Baum, der wohl keine 100 Jahre alt ist – ausgezeichnet als „Adam´s Tree", „Baum Adams". „Eden" meint hebräisch Wonne, Freude oder Vergnügen. Leitet man das Wort aus einem ugaritischen Verb ab, meint es „üppig sein". Jedenfalls ist mit dem Garten Eden die Vorstellung von unverdorbener Natur, großer Fruchtbarkeit und einem Leben in Hülle und Fülle verbunden.

Die Bibel ist Anlass, nach diesem Garten der Wonnen zu suchen. Sie beschreibt im Buch Genesis 2,10-14 das Gebiet, in dem man sich jenen Ort vorstellen soll, und bringt ihn mit vier Flüssen in Verbindung: Pischon, Gihon, Tigris und Euphrat. Die Babylonier selbst suchten vor 3000 Jahren das Paradies in dem sagenumwobenen Land der Unsterblichkeit Dilmun, einer heutigen Bahrain-Insel im Persischen Golf. Forschende und Paradies-suchende Wissenschaftler spekulieren bis heute über alle möglichen Orte, wo der Garten Eden wohl gewesen sein könnte.

Erlebnis

Vor dem etwas heruntergekommenen Areal steigen wir aus unserem Reisebus. Neben einem geschlossenen und seit längerer Zeit ungenutzten Hotel schreiten wir gespannt durch eine Steinpforte in den „Garten Eden". Innerhalb weniger Minuten versammelt sich eine Schar von etwa 50 Kindern um uns. Sie deuten auf den Baum in der Mitte des Geländes und rufen uns voller Begeisterung „Adam´s Tree!" zu.

Einige der Kinder nehmen uns bei der Hand und führen uns an die Mauer heran, die an das Ufer des Tigris grenzt. Und dort tut sich ein überwältigender Blick auf. Wir sehen hinunter zum Zusammenfluss von Tigris und Euphrat und haben das Gefühl: Hier befinden wir uns an einer wichtigen Stelle der Menschheit. Wir klettern die Mauer, die den „Garten Eden" umgibt, hinunter und gehen ganz nahe an das Wasser heran. Jeder möchte im Dreieck des Zusammenflusses fotografiert werden. Die Kinder, sozusagen Adams direkte Nachkommen, bieten sich als Fotostars an, natürlich mit aufgehaltenen Händen.

Bedeutung

Alle Kulturen und Religionen sprechen in Bildern und Mythen von den Anfängen der Erde und des Menschen. Die Erzählungen im ersten Buch der Bibel, dem Buch „Genesis" (Anfänge), schildern im 2. Kapitel den Garten Eden. In diesen Urerzählungen kommt es nicht auf historische Aspekte an. Das Paradies meint weniger einen Ort, sondern vielmehr einen Zustand des Menschen. Hier geht es nicht um geschichtliche Wahrheiten, sondern um die Darstellung einer Idee: die Sehnsucht des Menschen nach dem Paradies, die Sehnsucht nach einem ungebrochenen Leben.

Gott hat, so die Idee der biblischen Texte, den Menschen erschaffen, ihn geformt aus Lehm und ihn in einen wunderschönen Garten gesetzt. Der paradiesische Mensch stellt das unverdorbene Konzept Gottes vom Menschen dar. Gott will, dass der Mensch in Freiheit und Freude, in Gemeinschaft als Frau und Mann so lebt, dass nichts die Ordnung und Schönheit des Anfangs stört.

Zu dieser ursprünglichen Ordnung gehört es, dass die Menschen vom Baum in der Mitte des Gartens nicht essen. Doch wir kennen die Geschichte: Die Schlange, der Teufel, verführt Eva. Eva pflückt eine Frucht (von einem Apfel ist übrigens nicht die Rede) und gibt davon auch an Adam weiter. Das war das Ende der paradiesischen Zustände. Die beiden Menschen, die die Ordnung Gottes gestört haben, müssen unter dem wachsamen Blick eines Engels mit Feuerschwert das Paradies verlassen (Gen 3).

Im Judentum der nachbiblischen Zeit entwickelte sich die Vorstellung, dass die gerechten Menschen nach ihrem Tod wieder in das Paradies zurückkehren. Im Neuen Testament verspricht Jesus am Kreuz einem der mitgekreuzigten Verbrecher, der Reue zeigt: „Heute noch wirst du mit mir im Paradies sein!" (Lk 23,43)

Noch heute prägt diese Vorstellung das Bewusstsein vieler Menschen. Sie denken an jenen glücklichen Urzustand, nämlich bei Gott zu sein und mit seiner Ordnung in Einklang zu leben. So sprechen wir zum Beispiel von der Bewahrung der Schöpfung. Und wir haben die Vorstellung, dass ein Weiterleben nach dem Tod eine Rückkehr in diesen Zustand der Ordnung und des Friedens ist. So wird beispielsweise bei einem christlichen Begräbnis dem Toten gesungen: „Zum Paradies mögen Engel dich geleiten."

Die Geschichte vom Garten Eden ist jedoch nur eine von zwei biblischen Schöpfungserzählungen. Die erste Geschichte der Bibel schildert die Erschaffung der Welt durch Gott in sieben Tagen. Auch diese Erzählung hat mit Mesopotamien zu tun. Sie ähnelt in vielen Details dem sumerisch-babylonischen Schöpfungslied „Enuma Elisch" aus dem 14. Jahrhundert v. Chr. Auch dort ist, wie im ersten Kapitel der Genesis, alles wüst und leer (hebräisch steht hier das uns geläufige Wort für Chaos: tohu wa bohu). Finsternis liegt über dem Wasser. Gott schafft Gestirne, Pflanzen und Tiere. Gott erschafft den Menschen. Neben vielen Übereinstimmungen mit dem Text aus Mesopotamien gibt es allerdings auch deutliche Unterschiede. „Enuma Elisch" beginnt:

„Als droben die Himmel nicht genannt waren,
als unten die Erde keinen Namen hatte,
als erst Apsu, der Uranfängliche,
der Erzeuger der Götter,

Mummu Tiamat, die sie alle gebar,
ihre Wasser in eins vermischten,
als das abgestorbene Schilf
sich noch nicht angehäuft hatte,
Rohrdickicht nicht zu sehen war,
als noch kein Gott erschienen,
mit Namen nicht benannt,
Geschick ihm nicht bestimmt war,
da wurden die Götter
aus dem Schoß von Apsu und Tiamat geboren."

Unter mehreren Aspekten ist die Geschichte von der Erschaffung der Welt und dem Garten Eden auch heute interessant. Da ist einmal die Vorstellung, dass sich der Mensch sich nicht selbst verdankt, sondern Gottes Geschöpf ist. Gott will das Leben der Menschen. Die Menschen können nicht nach Belieben darüber verfügen. Die Würde des Menschen ist unantastbar.

Da ist weiter die Vorstellung eines konkreten Ortes, wo sich das Paradies befindet, oder besser gesagt: sich ereignet. Jener Ort in Mesopotamien, am Zusammenfluss von Euphrat und Tigris, ist ein Zeichen dafür, dass Menschen einander das Paradies, aber auch die Vertreibung aus dem Paradies, ja sogar die Hölle bereiten können – an ganz konkreten Orten, in den Häusern der Familien, in einer Nation, zwischen den Völkern.

Touristisch aufgebauter Bezirk, ein Tummelplatz auch für Kinder

Sehr gut!

„Gott sah alles an, was er gemacht hatte:
Es war sehr gut." (Gen 1,31a)

Sehr gut!
Das ist Gottes Urteil
am Morgen der Schöpfung.

Ungenügend
kommt später.
Versetzung gefährdet!

Sehr gut!
Das ist Gottes Zuspruch
im Wasser der Taufe.

Ungenügend
kann sein.
Gott liebt trotzdem!

Sehr gut,
dass alles
immer noch besser werden kann.

Eanna-Zikkurat im heiligen Bezirk der Inanna,
das „Haus des Himmels"

Uruk – Stadt der Kultur

Östlich der südirakischen Stadt Samawa liegt die Ruinenstadt Uruk. In ihrer 6000 Jahre alten Geschichte entwickelte sich die Schrift in Form der Keilschrift. Hier wurden das Rollsiegel, der Pflug und das Rad erfunden. Hier entwickelte sich die Architektur von kleinen Tempeln zu prächtigen und monumentalen Bauwerken, etwa den Stufentempeltürmen, den Zikkurats.

Im 3. Jahrtausend v. Chr. stieg Uruk vom kleinen Stadtstaat zur Großmacht auf, die das ganze Land Sumer beherrschte. König Gilgamesch, zugleich historische wie durch das Gilgamesch-Epos überhöhte mythologische Gestalt, führte Uruk in eine kulturelle und politische Blütezeit. Es entstand das Kultzentrum der Göttin Innana (Ischtar), die in späteren Kulturen Aphrodite und Venus genannt wurde.

Uruk, begrenzt durch die am Horizont sichtbare Stadtmauer des Gilgamesch, ist heute ein riesiges Areal, auf dem man kaum einen Schritt gehen kann, ohne auf wertvolle Ziegel oder Tonreste zu stoßen. Zwei mächtige Zikkurats, eine um das Jahr 2700 v. Chr. erbaut und damit die älteste ihrer Art, prägen das Bild. Man empfindet Ehrfurcht, wenn man zum Beispiel Reste von Böden bestaunen kann, deren bunte Keramikplatten noch heute in der Sonne glänzen.

In Uruk befindet sich der älteste bekannte Altar der Menschheitsgeschichte, eine große Fläche ganz oben auf einer der Zikkurats. Die Vorstellung, dass an dieser Stelle vor etwa 5000 Jahren Menschen versuchten, ihre Götter durch Opfer, auch durch Menschenopfer, gnädig zu stimmen, beeindruckt und berührt zugleich fremd.

Erlebnis

Beim Rundgang durch die Ruinenstadt finden wir in einer lang gestreckten Werkstätte eine deutsche Archäologin aus Mainz mit ihrem Mann. Sie berichtet, der Krieg zwischen Irak und Iran in den Jahren 1980-1988 und der irakisch-kuwaitische Krieg 1990/91 habe sie nicht beeindruckt. Von Ferne habe sie Flugzeuge gehört. Uruk liege außerhalb der politischen Welt.

Sie zeigt uns ihre Schätze, Regale voller Gefäße, Figuren und sonstige Kunstwerke. Sie habe inzwischen aufgehört, Tonsplitter zu den ursprünglichen Gefäßen zusammenzufügen. Sie sei dazu übergegangen, das Gewicht der Scherben pro Quadratmeter festzustellen und hochzurechnen, was und wie viel davon in Uruk wohl zu finden sei.

Ein Teilnehmer der Reisegruppe zeigt plötzlich zum Horizont. Dort zieht eine einsame Wolke am Sonnenhimmel entlang und wirft ihren Schatten gerade auf die Stelle, an der deutlich erkennbar die Stadtmauer des Gilgamesch zu erkennen ist, gerade dort, wo sich ein keilförmiger Einschnitt befindet. Unser Reiseleiter erklärt, dort habe man eine Quer-

Blick auf die sagenumwobene Mauer des Gilgamesch. Der Einschnitt in der Mauer stammt von einer Querschnittsgrabung.

schnittsgrabung in die Gilgameschmauer vorgenommen, um ihre Bauart zu erkunden. Wir sind begeistert, dass uns die Wolke diesen Blick beschert.

Bedeutung

Die erste Hochkultur der Menschheit, die sich mit der Stadt Uruk verbindet, fasziniert. Nicht nur die Erfindungen, die den Umgang mit der Natur und den Umgang der Menschen untereinander revolutionierten. Die gesamte Anlage von Uruk strahlt eine Atmosphäre aus, in der die innere Empfindung entsteht: Hier bin ich ganz nahe an einem Punkt der Geschichte, an dem die Menschheit aus dem Dunkel der Zeit oh-

Die Zahl der Tonscheiben ist so groß, dass die Archäologen nur noch in Kilo pro Quadratmeter rechnen.

ne Schrift heraustritt in die Sonne einer Zeit, von der wir wissen, wie die Menschen konkret miteinander lebten, an was sie glaubten, wie sie Wirtschaft und Politik gestalteten. Die Menschen werden sich ihrer selbst bewusst und können sich durch die Schrift einander und uns, ihren Nachfahren, mitteilen.

Anfang der Kultur und Kunst bedeutet immer auch Anfang oder Aufschwung der Religion. Der riesige Altar auf der Spitze der Zikkurat weist darauf hin, wie sich der Kult durch eine Priesterschaft in einer gegliederten Gesellschaft entwickelte. Warum beginnen die Menschen, ihren Göttern Opfer zu bringen? Was treibt sie dazu, einen Teil ihres Besitzes und der Früchte und Ernte, ja sogar Menschen zu opfern?

Ein Erklärungsversuch besagt: Die Menschen waren überwältigt von Naturkatastrophen, etwa von einer Sintflut, die nachweislich etwa um 3000 v. Chr. im Gebiet Mesopotamiens über die Menschen hereinbrach. Diese Urgewalten der Natur besaßen für die Menschen göttliche Kräfte, waren undurchschaubare und unberechenbare Mächte. Die Angst, wieder solchen Gewalten ausgesetzt zu sein, bringt sie dazu, göttlichen Mächten – den Göttern – Opfer darzubringen, um sie gnädig zu stimmen. Die Opfer sollten die Götter dazu bewegen, die Menschen zu schonen. Um Katastrophen abzuwenden, sind sie sogar bereit, Menschen zu opfern.

Tsunamis oder Erdbeben lassen bis auf den heutigen Tag die Menschen jene unbegreifliche Macht der Natur erfahren und davor tief erschrecken. Im Einzelschicksal der Menschen wirken Krankheit, Sterben und Tod ähnlich erschreckend. Eine namenlose Angst steigt auf. Die Religionen versuchen, diese Angst zu bewältigen, die Grenzsituationen des Lebens zu deuten und in Ritualen zu bändigen.

Der jüdische und christliche Glaube geht davon aus, dass mit Abraham und mit dem durch Gott selbst verhinderten Opfern seines Sohnes die Menschenopfer zu Ende gegangen sind. Gott ist nicht mehr der unberechenbare Demiurg, der Weltenschöpfer, der die Menschen willkürlich terrorisiert, sondern ein Gott, der ein heilvolles Leben für die Menschen will. Opfer für Gott sollen in diesem Verständnis nicht mehr ein Ritual der Angst sein, sondern eine liebende Antwort des Menschen auf die liebevolle Zuwendung Gottes zu den Menschen.

Anu-Zikkurat mit dem „Weißen Tempel", einer späteren Rekonstuktion eines Eridu-Tempels von etwa 5000 v. Chr., mit dem ältesten erhaltenen Altar der Menschheit

Vom Altar aus

„So will ich zum Altar Gottes treten,
zum Gott meiner Freude." (Ps 43,4a)

Menschen haben viele Altäre gebaut
auf dem Weg ihres Lebens,
haben Steine aufgeschichtet,
Tiere geopfert und Menschen.
Menschen haben Altäre gebaut
und sind dir begegnet, Gott.

Am Altar des Kreuzes
enden alle Menschen-Opfer.

Ich habe viele Altäre gesehen
auf dem Weg meines Lebens,
habe in Kirchen und in der Natur
dich kennen gelernt und gefeiert.
Ich habe an Altären gestanden
und bin deinem Sohn begegnet, Gott.

Ich danke dir, mein Gott,
dass Menschen-Opfer nicht mehr nötig sind,
dass Tische einladen zum Mahl,
dass immer wieder vom Altar
mir Kraft zuwächst
für mein Leben in der Welt.

„So will ich zum Altar Gottes treten,
zum Gott meiner Freude." (Ps 43,4a)

Und vom Altar will ich gehen
in die Welt -
um dort
zu zeigen und zu zeugen,
dass du
lebst und wirkst.

Vom Altar aus.

Zikkurat von Ur, Rekonstruktion der dreistufigen Zikkurat für den Hauptgott der Stadt, Mondgott Nannar-Sin

Ur – herabsteigende Götter

„Ur in Chaldäa", das heutige Tell el-Murquwjir, ist die Stadt, aus der gemäß der biblischen Erzählung die Familie Abrahams aufbrach, um in das „gelobte Land" zu ziehen. Eigentlich bezeichnet Chaldäa das Gebiet um Babylon. Doch die Chaldäer hatten zu der Zeit, als die Geschichten um Abraham entstanden, das Land der Sumerer erobert und besetzt. Das Land nördlich des heutigen Basra, in dem Ur liegt und das die Chaldäer in eine neue kulturelle Blüte geführt hatten, wurde darum ebenfalls als „Chaldäa" bezeichnet.

Von der Zufahrtsstraße aus fährt man direkt auf die rekonstruierte Zikkurat von Ur zu und kommt zu den Ruinen einer 6000 Jahre alten Siedlung, die ursprünglich nahe dem Euphrat lag. Drei Königsdynastien erlebte der Stadtstaat. Er wurde zerstört und erstand neu. In Ur als sumerischem Kulturzentrum erließ der König Ur-Nammu im 21. Jahrhundert v. Chr. das erste niedergeschriebene Gesetz der Menschheitsgeschichte. Nach 400 v. Chr. verfiel die Stadt Ur, weil sich der Euphrat 16 km östlich einen anderen Weg gesucht hatte.

Erlebnis

Seit Kindertagen klingt es in den Ohren:

> „Terach nahm seinen Sohn Abram, seinen Enkel Lot, den Sohn Harans, und seine Schwiegertochter Sarai, die Frau seines Sohnes Abram, und sie wanderten miteinander aus Ur in Chaldäa aus, um in das Land Kanaan zu ziehen. Als sie aber nach Haran kamen, siedelten sie sich dort an."
> (Gen 11,31)

Im Buch Nehemia (9,7) heißt es:

> „Du, Herr, bist der Gott,
> der Abraham auserwählt hat.
> Du hast ihn aus Ur in Chaldäa herausgeführt
> und ihm den Namen Abraham verliehen."

Ur in Chaldäa – diesen Ort wollte ich immer schon besuchen. Nun gehen wir mit der Pilgergruppe auf jene Zikkurat zu, die ich schon so oft in Bildern betrachtet habe. In einem Bildband hatte ich eine Fotografie gefunden, die den Aufgang zur Zikkurat so zeigte, dass er direkt einlud, die Steinstufen hinaufzusteigen. Im Geist war ich diese Treppe schon viele Male hinaufgegangen. Nun stand ich davor. Mit innerer Andacht setzte ich Fuß vor Fuß in die Höhe.

Wir hatten die Fahrt in den Irak angetreten unter dem Thema „Abrahamreise", wohl wissend, in diesem Land keine „echten" Abrahamspuren zu finden. Wir wollten etwas von der Mentalität in uns aufnehmen, mit der die Menschen vor vielen Jahren in diesem Land lebten, so auch die Sippe Abrahams und Saras. Was hat Menschen bewegt, wenn sie die Stufen zum Tempel hinaufstiegen?

Unsere Freude und Ehrfurcht wird nun etwas ab-gekühlt durch den Regen, der in Strömen einsetzt. Seit drei Jahren die ersten Regentropfen, ausgerechnet zu der Stunde, in der wir ankommen. Mit Schirmen, die von einem aufkommenden starken Wind fast davongetragen werden, stehen wir auf der ersten Stufe der Zikkurat und fühlen in uns hinein, welche Reaktionen und religiösen Regungen in uns wach werden. Viele Reiseteilnehmer schweigen, stehen in sich gekehrt da oder schauen über das flache Land in die Ferne.

Bedeutung

Die Zikkurat von Ur war wohl ursprünglich dreistöckig. Auf der obersten Stufe stand der Tempel des Mondgottes Nannar-Sin. Die biblische Erzählung, dass Abrahams Familie von hier nach Haran zog, ist zwar historisch nicht festzumachen. Doch gab es eine Handelsstraße über Ur nach Haran. An beiden Orten gab es Heiligtümer des Mondgottes. So gab es wohl auch Bevölkerungsbewegungen, zu denen auch der Umzug oder das Weiterziehen der Familie Abrahams mit ihren Herden passt.

In dem flachen Land bauten die Menschen Heiligtümer als solche Tempeltürme, wie sie vielfach dort zu entdecken sind. Was war der Grund, solche monumentalen Bauten zu errichten? War es etwa Hochmut, von dem im Zusammenhang mit dem Zikkuratbau von Babel im Buch Genesis (11,1-9) gesprochen wird?

Die religiöse Vorstellung, die die Menschen ver-
anlasste, solche Tempelanlagen zu bauen, war: Die
Götter leben „oben", und die Menschen wollen ihren
Göttern näher sein. Und umgekehrt sollen die Götter
eingeladen werden, zu den Menschen auf die Erde
herabzukommen. Sie sollen es sozusagen einfacher
haben, bei den Menschen zu wohnen.

Wie darf man sich das Verhältnis der Menschen
zu ihren Göttern vorstellen? Es war geprägt von Ehrfurcht, auch Angst, von Anbetung und dem Willen,
den Göttern zu dienen. Die Menschen fühlten sich
den Göttern ausgeliefert, ihnen gegenüber gab es
nur die Haltung der Unterwerfung. Die Menschen erlebten die Natur und ihre Gewalten als so furchterre-
gend, dass sie dahinter göttliche Kräfte, Götter ver-
muteten, denen sie dienen mussten. Darum war der
Bau eines Tempels für die Götter oder einen besonderen Gott die erste Pflicht der Menschen. Damit die
Tempel und die Priesterschaft unterhalten werden
konnten, spendeten der König und das Volk ständig
Opfergaben.

Der wichtigste Ritus im Tempel war, die Götter-
bilder an Festtagen mit wertvoller Kleidung und
Schmuck zu zieren. In Prozessionen wurden die Figuren umhergetragen. Täglich wurden die Götter
durch die Priester mit den Gaben „gespeist", die das
Volk brachte.

Am Neujahrsfest des Frühjahres fand die Heilige
Hochzeit statt. Gott und Göttin vereinigten sich, wo-
durch sichergestellt wurde, dass es dem Volk, der
Stadt und dem Land im kommenden Jahr gut ergeht.
Diese Vereinigung wurde dargestellt, indem der Kö-

nig zum Tempel auf der Zikkurat hinaufschritt und sich mit der Hohepriesterin vereinigte. Manchmal wurden statt dessen zwei Kultfiguren symbolisch in ein Bett gelegt.

Wenn auch in anderen Kulturen und Religionen, etwa im Judentum und Christentum, andere Rituale vollzogen und andere Opfer gebracht werden, allen gemeinsam ist die Sehnsucht nach der Nähe und dem Schutz Gottes. So formuliert der Psalm 63:

> „Gott, du mein Gott, dich suche ich,
> meine Seele dürstet nach dir.
> Nach dir schmachtet mein Leib
> wie dürres, lechzendes Land ohne Wasser.
> Darum halte ich Ausschau nach dir im Heiligtum,
> um deine Macht und Herrlichkeit zu sehen.
> Denn deine Huld ist besser als das Leben;
> darum preisen dich meine Lippen.
> Ich will dich rühmen mein Leben lang,
> in deinem Namen die Hände erheben."

Treppe zur ersten Stufe der Zikkurat von Ur

Herabgestiegen

Herabgestiegen
ist
mein Gott
von seinem Turm.
Gott
thront nicht,
hält nicht Hof.

Herabgestiegen
ist
mein Gott
aus seinem Himmel.
Gott
geht mit,
zieht durch die Wüste.

Herabgestiegen
ist
mein Gott
an meine Seite.
Gott
hindert nicht
der Schmutz und Schlamm.

H
e
r
a
b
g
e
s
t
i
e
g
e
n
ist
mein Gott
auf diese Erde.
Gott Abrahams und Saras,
heruntergekommen bist du,
damit wir den Himmel finden.

Der goldene Widder im Dickicht, ca. 2600 v. Chr., Britisches Museum London

Ur – Reichtum und Sintflut

Ur in Chaldäa steht auch für Reichtum und Macht. Tausende von gefundenen Schrifttafeln und viele ausgegrabene Gebäudereste bezeugen seine Geschichte und wirtschaftliche Kraft. 3000 Jahre dauerte die Geschichte der bewohnten Stadt Ur.

Neben Palästen und Tempeln finden sich auf dem Gelände, das durch eine von Nebukadnezar erbaute Mauer umgrenzt ist, Königsgräber, die etwa 4500 Jahre alt sind. Hier fanden Könige und Königinnen ihre letzte Ruhestätte. Ihre Diener und Sklaven wurden hier oft ebenfalls beigesetzt. Diese Gräber wurden berühmt durch die Beigaben, von denen viele im Laufe der Zeit aus den Gräbern geraubt wurden. Was man in jüngerer Zeit in den Gräber noch fand, wurde weltberühmt: Kopf- und Halsschmuck, die Figur eines Ziegenbocks aus Gold und Silber, eine Lyra, die so genannte Standarte von Ur, ein reich verzierter Kasten. Die Kostbarkeiten sind über die Museen der Welt verstreut und zum Beispiel im Britischen Museum in London, im Louvre Paris und im Irak-Museum von Bagdad zu bewundern.

Erlebnis

Die Regenwolken, die uns beim Besteigen der Zikkurat von Ur durchnässt hatten, haben sich verzo-

Torbogen des Edublalmach, der als einer der ältesten erhaltenen Bogen der Welt gilt. Er diente dem König als Gerichtstor und als Durchgangstor bei Prozessionen.

gen. Wir durchschreiten das Gelände, vorbei am Amar-Sin-Palast und dem Palast von Ur-Nammu in Richtung Königsgräber. Doch eine Besichtigung wird uns verboten. Es finden gerade Ausgrabungen statt. Dabei darf nicht besichtigt und schon gar nicht fotografiert werden. Wir sind etwas bedrückt. Viele haben in den europäischen Museen die Grabbeilagen gesehen und hätten nun gerne die Fundorte angeschaut. Doch der irakische Guide und noch mehr der für uns vom Tourismusministerium bzw. vom Geheimdienst abgestellte Begleiter lassen sich nicht erweichen. Zum Trost wird uns der wohl älteste erhaltene Torbogen der Welt gezeigt. Er ist der Zugang zu einem gut erhaltenen kleinen Bau des Edublalmach aus der Zeit der III. Dynastie von Ur (21. Jahrhundert v. Chr.).

Dann treten wir an eine Grube heran, die mehrere Meter tief ausgehoben wurde. Deutlich kann man verschiedene Ablagerungsschichten erkennen. Der Guide erklärt uns: „Dort unten sehen Sie eine dunkle Schicht. Sie stammt aus der Zeit etwa 3000 Jahre

v. Chr. Das sind Ablagerungen einer großen Überschwemmung, die bekannt ist als Sintflut.“

Viele staunen nicht wenig, als der Guide uns mit
diesen Worten davon überzeugt, dass die Sintflut der
Bibel offensichtlich nicht nur Inhalt einer alten mythischen Erzählung ist, sondern tatsächlich stattgefunden hat. Wir holen unsere Bibeln aus dem Ruck-
sack und beginnen zu lesen:

„Die Erde aber war in Gottes Augen verdorben,
sie war voller Gewalttat. Gott sah sich die Erde an:
Sie war verdorben; denn alle Wesen aus Fleisch
auf der Erde lebten verdorben. Da sprach Gott
zu Noach: Ich sehe, das Ende aller Wesen aus
Fleisch ist da; denn durch sie ist die Erde voller
Gewalttat. Nun will ich sie zugleich mit der Erde
verderben. Mach dir eine Arche aus Zypressen-
holz! Statte sie mit Kammern aus, und dichte sie
innen und außen mit Pech ab!“ (Gen 6,11-14)

Bedeutung

Erzählungen von furchtbaren Überschwemmungs-
katastrophen kennen viele Völker der Erde. Wissenschaftler haben rund um den Globus bisher über 60
solcher Sagen gefunden. Doch keine haben soviel
Übereinstimmungen wie die Sintfluterzählungen der
Bibel und des Gigamesch-Epos in dessen 11. Buch.

Dort wird in einer poetischen Sprache berichtet,
dass sich der Gott Enlil durch den Lärm der Menschen in seinem Schlaf belästigt fühlt. Er sendet
darum viele Plagen, um die Menschen zu dezi-
mieren. Der oberste Gott ist erbost und will den

Menschen eine Sintflut schicken. Doch die Menschen haben einen Freund: Enki, der Gott des Süßwassers, der Weisheit und der Orakel sowie der „Herr der Erde". Er rät Atramchasis, ein Boot zu bauen und darin seine Familie und die Tiere zu retten. Da die Götter durch den Misserfolg Enlils unzufrieden sind, verkürzt Enki das Leben der Menschen und mindert ihre Fruchtbarkeit.

Zwischen Bibel und Gilgamesch-Epos gibt es etliche Unterschiede, etwa was die Dauer der Sintflut betrifft. Die Bibel berichtet von 61 und von 150 Tagen (Gen 7), das Epos von zweimal sieben Tagen. Doch die Übereinstimmungen sind ansonsten so groß, dass man davon ausgehen kann, in der Bibel Textteile der damals etwa 1000 Jahre älteren Schrift aus Mesopotamien zu finden.

Die Erdschicht in Ur in Chaldäa erinnert nicht nur an die Tatsache, dass eine Sintflut stattgefunden hat, sondern auch daran, wie die Menschen versuchten, diesen Schicksalsschlag für ihr Leben zu deuten. Sie brachten es damit in Verbindung, dass die Menschen, außerhalb des Paradieses lebend, Böses tun. Alles begann, so in der Erzählung der Bibel, mit dem Sündenfall der Ureltern Adam und Eva. Die Vertreibung aus dem Paradies bedeutet, dass die Sünde, das Böse von den Menschen Besitz ergriffen hat, dass die Menschen gegenüber dem Bösen anfällig geworden sind. Der Brudermord von Kain an Abel (Gen 4) ist der Beginn von Mord und Totschlag, von Streit und Krieg, die bis heute kein Ende genommen haben, vielmehr immer wieder mit vernichtender Kraft aufflammen.

Die Tsunami-Katastrophen der vergangenen Jahre lassen an die Sintflut der Bibel oder andere Fluterzählungen denken. Heute spricht keiner mehr davon, dass die Sünden der Menschen in den Wasserfluten ertränkt werden. Doch die bange Fragen der Betroffenen ist allgegenwärtig: „Warum gerade wir?" „Warum gerade hier?" Diese Fragen stoßen zu dem mythologischen Untergrund vor, der in den Sintfluterzählungen deutlich wird.

Schmuck aus den Königsgräbern in Ur

Ausgrabungsschichten mit dunklen Anlagerungen aus der Zeit der Sintflut

Zurück in den Garten

Sintflut
und Sehnsucht –

zurück in den Garten
möchte ich gehen,
um dich zu finden.

Vertreibung und Sintflut
trennten
die Menschen von dir,
die Sehnsucht
zieht
die Menschen zu dir.

Zurück in den Garten –
der Weg ist versperrt.
Die Sehnsucht zieht mich
und überwindet die Mauer.

Jenseits der Mauer –
„wo bist du?" –
erwartest du mich.

Rekonstruktion vom „Haus Abrahams" in Ur

Ur – das Haus Abrahams

Ur in Chaldäa – verbunden mit der Sippe des Abraham. Wohnort der Familie Abrahams und Ort, von dem aus diese Familie auszog, um das neue Land zu finden, das Gott verheißen hatte.

Vom Areal, in dem sich die Zikkurat, mehrere Paläste und die Königsgräber befinden, wandert man über eine kleine Anhöhe und kommt zu den Resten der Wohnstadt Ur. Dort lebte das gewöhnliche Volk. Dort spielte sich das Leben der Bevölkerung ab.

Erlebnis

Nachdem uns unser Guide mit einem Hinweis auf die Sintflut in erstaunen versetzt hat, hält er eine weitere Überraschung für uns bereit. Er lädt uns ein, mit ihm die eigentliche Stadt Ur zu besuchen, den Teil des großen Ausgrabungsareals, in dem die gewöhnlichen Leute wohnten. „Dort besuchen wir das Haus des Abraham."

Unsere Verblüffung ist perfekt, und wir fragen den Guide, was das bedeutet: „Haus des Abraham". Er erklärt, man habe vor einiger Zeit weite Teil der alten Stadt freigelegt und dabei an einer Weggabelung die Grundmauern eines besonderen Hauses gefunden.

Das könnte das Haus von Abrahams Familie gewesen sein, denn unzweifelhaft gehörte die Familie mit ihrem großen Vermögen, wie es die Bibel beschreibt, zur Prominenz der Stadt.

Wir werden zu diesem Haus geführt und entdecken, dass nicht nur Ruinen oder Mauerstümpfe zu sehen sind. „Zum geplanten Besuch des Papstes im Jahr 2000 hat man die Mauern des Hauses wieder hochgezogen", wird uns erklärt. Wir erinnern uns, dass Papst Johannes Paul II. zur Jahrtausendwende eine Pilgerreise auf den Spuren Abrahams in den Irak unternehmen wollte, dann aber aus politischen Gründen diese Reise abgesagt hatte. Saddam Hussein wollte den Besuch dieses herausragenden Gastes zur Propaganda für sein Regime missbrauchen.

Der Guide weist auf eine Zugangsstraße und einen großen geteerten Platz hin: „Dieser Platz war als Landeplatz für den Hubschrauber des Papstes gedacht. Wir Iraker freuten uns sehr über die Ankündigung dieses Besuches. Viele fühlten sich geehrt. Doch dann wurde nichts daraus", berichtet der muslimische Guide.

Wir gehen in das Haus hinein, wohl wissend, dass diese Mauern nur symbolisch für die Heimat Abrahams zu verstehen sind. Dennoch fühlen wir uns innerlich angerührt. Wir feiern einen Gottesdienst in diesem Haus. Unsere beiden muslimischen Begleiter und selbst der Busfahrer gesellen sich zu uns. Später sagen sie uns, es sei für sie ergreifend zu erleben, dass Christen so voller Ehrfurcht und Freude mit ihrem Land umgehen.

Bedeutung

Die Geschichte des Glaubens der Menschen und der Weg der Menschen mit ihrem Gott kennen ganz konkrete Orte und Plätze. Zwar ereignet sich der Glaube zuerst in den Herzen der Menschen. Ihr Sinn für das Heilige ist zunächst unsichtbar. Doch erleben die Menschen diese inneren Vorgänge an bestimmten Orten und zu bestimmten Zeiten. Oft bauen sie dort Heiligtümer, Tempel, Kirchen, errichten Denkmäler. In der Abrahamerzählung der Bibel heißt es nach wichtigen Erfahrungen immer wieder: „Dort baute Abraham Gott einen Altar."

Viele Wissenschaftler bezweifeln, dass Abraham überhaupt als historische Gestalt zu verstehen ist. Die Bibel liefere eher eine mythologische Erzählung vom Prototyp des gläubigen Menschen. Andere meinen, die mythologische Gestalt Abraham könne einen historischen Kern besitzen. Doch darüber zu spekulieren sei müßig.

Im Blick auf diese Diskussion kann es kaum um eine historische Reminiszenz gehen, wenn das „Haus Abrahams" in Ur in Chaldäa gezeigt und besucht wird. Es ist vielmehr eine Spurensuche in den Glaubenserfahrungen der Menschheit, die wie Spiegel für die Glaubenserfahrungen der Besucher wirken.

Abraham steht mit seiner Frau Sara für eine der wichtigsten menschlichen und religiösen Grunderfahrungen: das Aufbrechen aus dem bisherigen und gewohnten Leben. Genau damit beginnt die biblische Abrahamerzählung. Der Aufbruch aus Ur und der Weg nach Haran im nördlichen Mesopotamien, das in der heutigen Türkei liegt, war noch eine Sippenangelegenheit. Doch dann kommt der göttliche Anspruch an Abraham (damals noch Abrahm genannt) persönlich, in das Land Kanaan, das heutige Israel, weiterzuziehen:

„Der Herr sprach zu Abram: Zieh weg aus deinem Land, von deiner Verwandtschaft und aus deinem Vaterhaus in das Land, das ich dir zeigen werde. Ich werde dich zu einem großen Volk machen, dich segnen und deinen Namen groß machen. Ein Segen sollst du sein. Ich will segnen, die dich segnen; wer dich verwünscht, den will ich verfluchen. Durch dich sollen alle Geschlechter der Erde Segen erlangen. Da zog Abram weg, wie der Herr ihm gesagt hatte, und mit ihm ging auch Lot. Abram war fünfundsiebzig Jahre alt, als er aus Haran fortzog." (Gen 12,1-4)

Wer nicht nur in gewohnten Bahnen seine Lebenszeit verstreichen lassen will, muss aufbrechen. Wer hintergründig leben will, wer die Hintergründe und tieferen Dimensionen seines Lebens entdecken will, muss sich innerlich auf den Weg machen. Dieses Aufbrechen bedeutet nicht, einfach auszubrechen und wegzulaufen. Das können die meisten Menschen nicht, wenn sie nicht ihr Leben und ihre Familie verletzten wollen. Dieses Aufbrechen bedeutet vielmehr, alte, festgefahrene Gewohnheiten loszulassen, innerlich flexibel auf Neues und neue Menschen zuzugehen, neue Erfahrungen zuzulassen, das eigene Leben gegen den Strich zu bürsten und neu zu fragen: „Was ist mir wirklich wichtig?"

Abraham und Sara sind Prototypen aller aufbrechenden Menschen. Ihre Gestalten faszinieren die Menschen seit Jahrtausenden. Judentum, Christentum und Islam nennen sich die drei abrahamitischen Religionen, weil mit dem Aufbruch Abrahams und Saras die Suche nach Gottes Spuren im Leben dieser drei Religionen begann.

Ausgrabungsstätte der Königsgräber von Ur

Schafherde wie zu Abrahams Zeiten

Aufbrechen

„Zieh weg aus deinem Land,
von deiner Verwandtschaft und aus deinem Vaterhaus
in das Land, das ich dir zeigen werde." (Gen 12,1)

Aufbrechen
und die Heimat verlassen,
Orte,
Menschen,
Identität.

Aufbrechen
und Menschen,
Gewohnheiten,
Sicherheiten
zurücklassen.

Aufbrechen
und in neues Land,
eine neue Aufgabe,
eine neue Situation
gehen.

Das Tor durchschreiten
ins Leben.

Blick über das Gelände der Stadt Assur auf die Reste der Zikkurat

Assur – Entfremdung

Die Ruinenstadt am oberen
Tigris zeigt deutlich die
Spuren einer großen
Zeit der Stadt Assur.
Die über 5000 Jahre
alte Siedlung wuchs zu
einem mächtigen Zentrum,
das die erste Hauptstadt des assyrischen Reiches und religiöser Mittel-
punkt für Jahrhunderte wurde. Die Bevölkerung war
vermischt aus Ureinwohnern, die Ackerbau betrie-
ben, und semitischen Stämmen, die im dritten Jahrtausend v. Chr. in die Gegend eingedrungen waren.

Neben Grundmauern von Wohnhäusern, Tempeln
und Palästen, die teilweise 4000 Jahre alt sind, sind
am augenfälligsten die Zikkurat und die teilweise rekonstruierten Bögen der Stadttore. Die Zikkurat und
deren Tempel auf der Spitze waren dem Gott Enlil
geweiht.

Erlebnis

Wir kommen zu der Zikkurat, einem Berg aus Lehm
und Ziegeln. Wir sind etwas verwundert, dass die
Aufseher Kinder und Jugendliche gewähren lassen,
auf diesen wertvollen Hügel immer wieder hinaufzusteigen, herunterzurutschen und einander mit Erde
und Steinen zu bewerfen. Östlich der Zikkurat schau-
en wir auf einen Tigrisarm hinunter und versuchen,
uns in das Assur der alten Zeit hineinzuversetzen.

Der Guide zeigt uns Fotokopien, auf denen wir die phantasiereichen Rekonstruktionsbilder von Walter Andrae sehen, die dieser nach seinen Ausgrabungen vor dem ersten Weltkrieg anfertigte.

Wir durchstreifen das weitläufige Areal, stellen uns zwischen die Grundmauern eines Ischtar-Tempels und lassen uns fotografieren, während uns Schafe um die Beine streifen.

Dann kommen wir zu drei hintereinander geordneten hohen Torbögen. Wir durchschreiten sie und stoßen auf eine breite abschüssige Rampe, die ins Tal führt. An dieser Stelle halten wir inne und lesen aus dem zweiten Buch der Könige (18,9-13):

„Im vierten Jahr des Königs Hiskija, das ist im siebten Jahr Hoscheas, des Sohnes Elas, des Königs von Israel, zog Salmanassar, der König von Assur, gegen Samaria und belagerte es. Nach drei Jahren, das ist im sechsten Jahr Hiskijas und im neunten Jahr Hoscheas, des Königs von Israel, wurde Samaria erobert. Der König von Assur verschleppte die Israeliten nach Assur und brachte sie nach Halach, an den Habor, einen Fluss von Gosan, und in die Städte der Meder. Denn sie hatten auf die Stimme des Herrn, ihres Gottes, nicht gehört, seinen Bund gebrochen und die Gebote, die Mose, der Knecht des Herrn, verkündet hatte, übertreten und sie nicht befolgt. Im vierzehnten Jahr des Königs Hiskija zog Sanherib, der König von Assur, gegen alle befestigten Städte Judas und nahm sie ein."

Wir setzen uns. Vielleicht sind die verschleppten Israeliten über die Rampe vor uns und durch die drei Tore in die Stadt Assur eingezogen. Was ging ihnen durch den Kopf, als sie in diese fremde Stadt und diese fremde Kultur geführt wurden? Hier war ihr Gott Jahwe nicht gefragt. Hier lebte man ein anderes Leben, das mit dem jüdischen Gesetz und der Offenbarung ihres Gottes nichts zu tun hatte. In die Fremde einziehen, alles, was wertvoll und richtig war, zurücklassen, als Untermenschen behandelt werden – das alles begann, als sie durch diese Tore schritten.

Bedeutung

Den Abstieg Israels im 7. Jahrhundert v. Chr. kann man in Jahreszahlen so darstellen:

740 ergab sich Meneheam, König von Israel, dem König von Assur, Tiglat-Pileser III., um die Besetzung Israels zu verhindern.

733 unterstellte sich Ahas, König von Juda, der zu einem antiassyrischen Bündnis gezwungen werden sollte, dem assyrischen König. Dadurch wurde er tributpflichtig. Doch wurde er auch kulturell und religiös völlig von Assur abhängig.

722 eroberte der Assyrer Salmanassar V. Samaria. Dessen Sohn Sargon II. verschleppte die israelitische Oberschicht nach Assur und verteilte sie über das Land. Statt ihrer siedelte er Menschen aus Mesopotamien in Samaria an.

701 wendete sich Sanherib gegen das Südreich Juda und belagerte Jerusalem.

Die Assyrer hatten zum Ziel, die ganze damals bekannte Welt zu erobern, um alle Menschen ihrem Reichsgott Assur zu unterwerfen. Nicht nur ein allgemeiner Eroberungsdrang und Machthunger trieben sie an, sie waren auch von einem religiösen Sendungsbewusstsein getragen.

So unterwarfen die Assyrer auch Israel. Und die Bibel formuliert den Grund, warum diese Schmach und Entfremdung über Israel hereinbrach:

„Das geschah, weil die Israeliten sich gegen den Herrn, ihren Gott, versündigten, der sie aus Ägypten, aus der Gewalt des Pharaos, des Königs von Ägypten, heraufgeführt hatte. Sie verehrten fremde Götter, ahmten die Bräuche der Völker nach, die der Herr vor den Israeliten vertrieben hatte, und folgten dem Beispiel, das die Könige von Israel gaben. Gegen den Herrn, ihren Gott, ersannen die Israeliten Dinge, die nicht recht waren. Sie bauten sich Kulthöhen in allen ihren Städten, vom Wachtturm angefangen bis zur befestigten Stadt, errichteten Steinmale und Kultpfähle auf jedem hohen Hügel und unter jedem üppigen Baum. Auf allen Kulthöhen brachten sie Opfer dar wie die Völker, die der Herr vor ihnen vertrieben hatte, taten böse Dinge und erzürnten dadurch den Herrn. Sie dienten den Götzen, obwohl der Herr es ihnen verboten hatte."
(2 Könige 17,7-12)

Die Bibel berichtet zwar von der politischen Großwetterlage im Nahen Osten, deutet jedoch den Unglauben und die Untreue des Volkes Israel als den eigentlichen und inneren Grund dafür, dass es unter

Die Torbogen von der Stadt her gesehen

Fremdherrschaft gerät. Der Abfall von Gott bedeutet damit Zerfall seiner Identität und Religion, sogar die Zerstörung der territorialen Souveränität. Israel muss im umfassenden Sinn anderen Mächten dienen und entfremdet sich dadurch sich selbst.

Was in unseren Jahren über die Politik und die Vorgänge im Nahen Osten berichtet wird, was uns täglich Presse und Fernsehen an Bildern über Krieg, Auseinandersetzung und Hass in den Ländern der Bibel zeigen, erinnert deutlich an die Situation vor 2700 Jahren. Mit ähnlicher ideologischer Verbissenheit gehen Menschen aufeinander los, beanspruchen die Herrschaft über Gebiete und Menschen.

Die Menschen scheinen aus ihrer eigenen Geschichte nichts zu lernen.

Torbogen zur Stadt Assur, durch die wohl auch die Israeliten in ihre Gefangenschaft einzogen.

Exil-Heimat

Sind nur die im Exil,
die fern der Heimat sind?
Sind nicht auch im Exil,
die heimatlos sind,
weil sie anders sind
und anderes tun,
weil sie quer
und unbequem denken,
weil sie draußen
und kritisch sind?

Exil
ist manchmal
mitten in der Heimat
oder wo ich gerne zu Hause wäre.

Wenn draußen vor
mein Ort ist,
setzt du dich
neben mich –
und, heimatlos,
habe ich Heimat in deinem Arm.

Wandbild von Nebukadnezar im rekonstruierten Zugang zu der Stadt Babylon

Babylon – der Turm zu Babel

Die alte Siedlung von Babylon war am Ende des drit-
ten Jahrtausends v.
Chr. den Machthabern
von Ur unterworfen. Im
18. Jahrhundert wurde
Babylon wohl von Hammura-
bi (1792-1750) als Stadt aufgebaut
und zur Hauptstadt der Sumerer und
Akkader gemacht. Nach einer wechselhaften Geschichte und vielfachen Zerstörungen bauten der
aus der Bibel allseits bekannte König Nebukadnezar
II. (605-562) und dessen Vater Nabopolassar (626-
605) Babylon wieder auf. Was heute in Babylon zu
sehen ist, sind Ausgrabungen bzw. Rekonstruktio-
nen von Gebäuden dieser Zeit.

Außerhalb des heute umfriedeten Bezirks, damals
aber mitten in der Stadt, lag das weltbekannte und
hervorragendste Beispiel mesopotamischen Tempel-
baus, der Turm zu Babel. Diese Zikkurat Etemenanki
– übersetzt etwa: Haus, wo Himmel und Erde einander berühren – war ein siebenstufiger Turm, auf dessen höchster Stufe das Heiligtum des Gottes Marduk
stand. Er hatte gewaltige Ausmaße. Seine Grundflä-
che war 91 x 91 Meter, seine Höhe ebenso groß.

Als die Juden im 6. Jahrhundert ins babylonische
Exil kamen, konnten sie diesen Bau bestaunen.
Auch der erste Geschichtsschreiber, der Grieche He-
rodot, sah und beschrieb den architektonischen Su-

perbau. Als die Perser Babylon eroberten, ließ deren König Xerxes 478 den Tempel zerstören. Alexander der Große, der Babylon zur Hauptstadt seines Weltreiches machen wollte, ließ die Reste der Zikkurat abtragen, um sie dann neu aufzurichten. Sein Tod im Jahr 323 verhinderte jedoch die Umsetzung dieses Planes.

So ist heute nur ein breiter Graben zu besichtigen, der ein großes Quadrat einschließt und in dem die Fundamente des Turmes zu Babel ruhen.

Erlebnis

Vor dem Gelände des alten Babylons steigen wir aus dem Bus und sehen vor uns eine Nachbildung des berühmten Ischtar-Tores, dessen Original im Vorderasiatischen Museum in Berlin zu bestaunen ist. Doch wir schreiten noch nicht durch dieses Tor, sondern biegen ab in ein unwegsames Gelände. Da es stark geregnet hat, waten wir durch eine Sumpflandschaft, sinken nicht selten bis zu den Knöcheln in den Morast ein, rufen einander zu, wo wohl ein besserer Pfad zu finden ist.

Nach einem mühseligen Marsch gelangen wir zu einer Stelle, an der zunächst nichts zu sehen ist. Unser Guide weist auf den Graben vor unseren Füßen und sagt lakonisch: „Hier stand der Turm zu Babel." Wir laufen um den Graben herum, der die Fundamente der berühmtesten Zikkurat der Geschichte anzeigt. Wir sind beeindruckt von dem „Nichts", das hier zu sehen ist, und lesen gemeinsam die Deutung der Bibel:

Die Pilgergruppe liest am Standort des Turmes von Babel die Geschichte von dessen Bau im Buch Genesis und die Erzählung vom Pfingstfest in der Apostelgeschichte.

„Alle Menschen hatten die gleiche Sprache und gebrauchten die gleichen Worte. Als sie von Osten aufbrachen, fanden sie eine Ebene im Land Schinar (das ist Babylonien) und siedelten sich dort an. Sie sagten zueinander: Auf, formen wir Lehmziegel, und brennen wir sie zu Backsteinen. So dienten ihnen gebrannte Ziegel als Steine und Erdpech als Mörtel. Dann sagten sie: Auf, bauen wir uns eine Stadt und einen Turm mit einer Spitze bis zum Himmel, und machen wir uns damit einen Namen, dann werden wir uns nicht über die ganze Erde zerstreuen. Da stieg der Herr herab, um sich Stadt und Turm anzusehen, die die Menschenkinder bauten. Er sprach: Seht nur, ein Volk sind

*Spiralminarett der Großen
Moschee von Samarra,
das Künstler durch die
Jahrhunderte inspirierte, wie
wohl der Turm zu
Babel ausgesehen habe*

sie, und eine Sprache haben sie alle. Und das ist erst der Anfang ihres Tuns. Jetzt wird ihnen nichts mehr unerreichbar sein, was sie sich auch vornehmen. Auf, steigen wir hinab, und verwirren wir dort ihre Sprache, so dass keiner mehr die Sprache des anderen versteht. Der Herr zerstreute sie von dort aus über die ganze Erde, und sie hörten auf, an der Stadt zu bauen. Darum nannte man die Stadt Babel (Wirrsal), denn dort hat der Herr die Sprache aller Welt verwirrt, und von dort aus hat er die Menschen über die ganze Erde zerstreut." (Gen 11,1-9)

Babylon bedeutet übersetzt „Gottestor". Die Babylonier wollten, dass ihr Gott Marduk über die Stufen der Zikkurat zu ihnen herabsteigt. Die hebräische Sprache, die Sprache des Alten Testaments, hört in „Babylon" das Wort „balal" – „verwirren" mit. Was den Einheimischen Ausdruck ihrer Unterwerfung unter die Gottheit war, was sie für eine gottwohlgefällige Tat ansahen, wurde anderen zum Ausdruck von Hochmut. Durch den Text der Bibel werden Babylon und seine Zikkurat zu einem Zeichen, das für alle Zeiten die Verwirrung der Menschen untereinander darstellt.

Wir stehen vor dem Graben, in dem das Fundament des Turmes von Babel ruhte und lesen die Anti-

Stadtbild als Wandbild an einer Mauer

Geschichte zum Turmbau: die Erzählung von Pfingsten, wie sie die Apostelgeschichte des Neuen Testaments berichtet:

„Als der Pfingsttag gekommen war, befanden sich alle am gleichen Ort. Da kam plötzlich vom Himmel her ein Brausen, wie wenn ein heftiger Sturm daherfährt, und erfüllte das ganze Haus, in dem sie waren. Und es erschienen ihnen Zungen wie von Feuer, die sich verteilten; auf jeden von ihnen ließ sich eine nieder. Alle wurden mit dem Heiligen Geist erfüllt und begannen, in fremden Sprachen zu reden, wie es der Geist ihnen eingab.

In Jerusalem aber wohnten Juden, fromme Männer aus allen Völkern unter dem Himmel. Als sich das Getöse erhob, strömte die Menge zusammen und war ganz bestürzt; denn jeder hörte sie in seiner Sprache reden. Sie gerieten außer sich vor Staunen und sagten: Sind das nicht alles Galiläer, die hier reden? Wieso kann sie jeder von uns in seiner Muttersprache hören: Parther, Meder und Elamiter, Bewohner von Mesopotamien, Judäa ..., wir hören sie in unseren Sprachen Gottes große

Taten verkünden. Alle gerieten außer sich und waren ratlos. Die einen sagten zueinander: Was hat das zu bedeuten? Andere aber spotteten: Sie sind vom süßen Wein betrunken."
(Apostelgeschichte 2,1-13)

Bedeutung

Die Erzählung vom Pfingstereignis wirft ein neues Licht auf die alte Erzählung von der Verwirrung und der Zerstreuung der Menschen durch den Turmbau zu Babel. Es geht eigentlich nicht um den Turm, sondern um Einheit und Zwietracht der Menschen. Es geht um den Umgang der Menschen miteinander. Es geht darum, wie die Menschen sich voreinander und zueinander verhalten und wie sie ihr Leben vor Gott verstehen.

Es geht ferner darum, wie Menschen mit ihren Errungenschaften und Kulturgütern umgehen. Da gibt es zum Beispiel die Fähigkeit des Menschen seit rund 5000 Jahren, Monumentalbauten zu errichten, wie etwa eine Zikkurat. Diese Errungenschaft besitzt aber, wie so viele Errungenschaften der Menschheit, zwei Seiten. Die Menschen können sie zum Wohlergehen aller, aber auch als Waffe gegeneinander oder zum Unheil der jeweils anderen verwenden.

In alten Kulturen gab es oft wenig Bewunderung für die Leistungen unterworfener Völker. Die Kulturgüter und die Zeichen ihrer Identität wurden einfach vernichtet. So erging es dem Turm von Babel. So ging es im Laufe der Geschichte in vielen Situationen der Eroberung.

Heute kann die eine Sprache der Wissenschaft, die unerhörte Güter für die Menschen hervorbrachte, auch in einer Sprachverwirrung, das heißt in der Entzweiung der Menschen enden. So war für viele in jüngster Vergangenenheit der Einsturz der Türme des World-Trade-Centers am 11. September 2001 eine solche Erschütterung, die an die Verwirrung um den Turm von Babel erinnerte. Doch nicht nur äußere Zeichen des Fortschritts und der fortschrittlichen Identität des Menschen haben diese Doppelbödigkeit. Größe des Menschen und Gefahr für die Menschen, sowohl für ihr Leben wie ihre Würde, liegen oft nahe beieinander. Das zeigt etwa der Kampf um die Nutzung der Atomenergie oder der Gentechnologie.

Der Turm zu Babel steht so wie ein dauerhaftes Signal in der Kultur- und Fortschrittsgeschichte der Menschheit. Die Künstler haben diese Botschaft verstanden, etwa der Niederländer Pieter Bruegel (1563), der wie viele andere phantasiereich ein Bild vom Turm zu Babel entwarf und dabei wohl den Spiralturm von Samarra zum Vorbild hatte.

Der Turm zu Babel ist eine dauernde Mahnung, auf die Einheit der Menschenfamilie zu achten, sich gegenseitig mit Respekt zu begegnen und zu verhindern, dass Leistungen des menschlichen Geistes zum Waffenarsenal unter den Menschen verkommen.

Die Prophetien des Ersten Testaments, die auf Babylon gemünzt waren, könnten sonst leicht anwendbar werden auf Situationen der modernen Geschichte, wenn beispielsweise Atomenergie in die Hände verantwortungsloser Politiker gerät.

Vom Turmbau zu Babel ist nur ein Graben im Quadrat geblieben, in dem die Fundamente ruhten.

Mehr als alles

Weniger
als nichts:
Babylon heute.

Tief
in den Schmutz
sinke ich.

Ich baue
keinen Turm,
um dich zu finden.
Auf der Treppe meiner Sehnsucht
steigst du herab
und findest
mich.

Tief
im Schmutz
bist du mir nah.

Mehr
als alles:
Du wohnst in mir.

Verkleinerte Rekonstruktion des Ischtar-Tores am Eingang zum Gelände von Babylon

Babylon – Prozessionsstraße

Betritt man durch das in halber Größe nachgebaute Ischtar-Tor das Hauptgelände der Stadt Babylon, gelangt man zunächst auf einen großen Vorplatz. Mosaiken mit Landkarten oder der Gestalt Nebukadnezars weisen darauf hin, dass man sich hier in einer der bedeutendsten Stätten des Irak, des alten Mesopotamien, ja der ganzen Kulturgeschichte befindet.

Geht man eine kleine Treppe und einen Weg am hinteren Ende des Platzes hinauf, stößt man auf die Prozessionsstraße. Hier fand an jedem Neujahrsfest die Götterprozession statt. Es ist eine breite Straße, die rechts und links von Palästen und Tempeln gesäumt ist. Die rekonstruierten Wandnischen und stufig angelegten Zinnen vermitteln einen erhebenden Eindruck.

Die ursprünglich zwischen 20 und 24 Metern breite Prozessionsstraße führt durch das Ischtar-Tor, ein Doppeltor, das die innere und äußere Stadt miteinander verband. Heute geht man vom ersten Teil der Prozessionsstraße hinunter in die Ausgrabungen des ursprünglichen Tores, dann wieder hinauf zum weiteren Verlauf der Straße.

Gekachelte Wand entlang der Prozessionsstraße, heute im Vorderasiatischen Museum Berlin

Erlebnis

Es ist ein überaus erhebendes Gefühl, langsam, sozusagen mit Andacht, die Prozessionsstraße entlang zu schreiten. Die wertvollen Steine der Straße selbst dürfen wir nicht betreten. Ein Fußgängerweg längs der Straße ermöglicht trotzdem einen hervorragenden Ein- und Ausblick.

Dann stehen wir vor dem Ischtar-Tor. Unser Guide beginnt von dem vor uns liegenden, größtenteils unter Straßenniveau befindlichen Ischtar-Tor zu schwärmen, das 12 Meter hoch und 51 Meter lang war. Er weist auf die etwa 2 Meter großen Figuren hin: den Löwen, die Symbolfigur für die Göttin Ischtar, die Herrin des Himmel, die Liebes- und Kriegsgöttin, den Stier für Adad, den Wettergott, und den Drachen für Marduk, den Stadtgott Babylons und Fruchtbarkeitsgott, der das ewige Leben schenkt. Der Marduk-Drache ist ein Wesen, das aus vielen Tieren zusammengesetzt erscheint. Er hat den Kopf und den geschuppten Körper einer Schlange, den Stachel des Skorpions am Ende des Schwanzes, die Vorderfüße des Löwen und die Hinterbeine eines anderen Raubtieres. Die gewaltigen Tiere sollten das Böse aus der Stadt fernhalten.

Ein Gruppenmitglied meldet sich etwas konsterniert: „Ich habe das Ischtar-Tor im Original im Vorderasiatischen Museum in Berlin gesehen. Wieso reden Sie hier vom Ischtar-Tor?" Der Guide gibt zur Antwort: „Es gibt zwei Tore. Hier im Boden sehen Sie das ursprüngliche Tor. Der Vater Nebukadnezars, Nabopolassar, hatte die Prozessionsstraße und das Ischtar-Tor erbaut. Doch der Euphrat überschwemmte immer wieder das Gelände, so dass kurze Zeit später Nebukadnezar alles erneut, aber auf höherem Niveau aufbaute. So standen zwei Ischtar-Tore übereinander. Das obere, das mit glasierten Kacheln bestückt ist, haben Sie in Deutschland. Das untere sehen Sie vor sich."

Bedeutung

„Ich will preisen den Herr der Weisheit,
den umsichtigen Gott;
er zürnt zur Nachtzeit, verzeiht aber am Tag.
Ich will preisen Marduk, den Herrn der Weisheit,
den umsichtigen Gott;

er zürnt zur Nachtzeit, verzeiht aber am Tag,
dessen Grimm wie ein Gewittersturm
eine Steppe bewirkt,
dessen Wehen aber schön ist
wie das des Morgenwindes.
Sein Zorn ist nicht abzuwehren,
seine Wut ist ein Flutsturm;
fürsorglich aber ist sein Sinn,
sein Gemüt zum Verzeihen bereit."

„Dient dem Herrn in Furcht,
und küsst ihm mit Beben die Füße,
damit er nicht zürnt
und euer Weg nicht in den Abgrund führt.
Denn wenig nur, und sein Zorn ist entbrannt.
Wohl allen, die ihm vertrauen!"   (Psalm 2,11-12)

Der erste Text ist ein Gebet an den Gott Marduk aus dem 12. Jahrhundert v. Chr., der zweite Text stammt aus dem alttestamentlichen Buch der Psalmen. Wie nahe sind sich diese Texte. Wie intensiv greifen sie die menschlichen Lebenssituationen auf.

Da erlebt der Mensch ein Unglück, sein Leben verläuft auf unheilvollen Bahnen. Das deutet er als Zorn Gottes. Er empfindet, dass Gott seine sorgende Hand von ihm weggezogen hat. Nacht ist um ihn her, er steht am Abgrund. Er erlebt einen zürnenden Gott wie einen Gewittersturm oder einen Flutsturm.

Ein anderes Mal erlebt der Mensch Glück. Er deutet es als Segen Gottes. Gott hat seine unrechten Taten verziehen und schaut ihn wieder mit Wohlwollen an. Hier erlebt der Mensch Gott wie einen neuen Tag, wie einen Morgenwind. Alle Menschen sollen

Torbogen mit Blick zur Prozessionsstraße

Fabeltier auf dem Ischtar-Tor, das heute im Vorderasiatischen Museum Berlin aufgebaut ist

Gott vertrauen, er ist der Herr der Weisheit, ein umsichtiger Gott.

Für diese Erfahrungen lassen sich viele Belegstellen in der Bibel finden. Es handelt sich um religiöse Urerfahrungen der Menschen.

Im Rückblick lassen sich jene alten Texte nicht als von gestern und als heidnisch abtun. Zu sehr drücken sie Lebensgefühle aus, die auch heutige Menschen kennen. Die Zehn Gebote legen im Buch Exodus (20,3-6) fest:

„Du sollst neben mir keine anderen Götter haben. Du sollst dir kein Gottesbild machen und keine

Darstellung von irgendetwas am Himmel droben, auf der Erde unten oder im Wasser unter der Erde. Du sollst dich nicht vor anderen Göttern niederwerfen und dich nicht verpflichten, ihnen zu dienen. Denn ich, der Herr, dein Gott, bin ein eifersüchtiger Gott: Bei denen, die mir feind sind, verfolge ich die Schuld der Väter an den Söhnen, an der dritten und vierten Generation; bei denen, die mich lieben und auf meine Gebote achten, erweise ich Tausenden meine Huld."

Die vielen Götter für jede Situation des Lebens, die Götter aus Ton, Holz, Stein und edlem Metall werden damit abgelehnt. Doch die Ungewissheiten und Unwägbarkeiten des Lebens bleiben. Der Mensch will sie religiös verarbeiten und in Gebeten zur Sprache bringen.

Vielleicht kann in diesem Sinne eine neue Achtung in uns Heutigen vor dem wachsen, was die Menschen vor 3000 und mehr Jahren gedacht, empfunden und religiös ausgedrückt haben. Die Mythen von den Göttern sind Erfindungen des Menschen. Doch das, was die Menschen gegenüber den undurchschaubaren, „göttlichen" Mächten ausdrücken, ist echt, ist authentisch, kommt von innen.

Hinterer Teil der Prozessionsstraße

Gott auf unseren Straßen

Ich stelle mir die großen Prozessionen vor,
Wagen und Tiere und Menschen –
ein beeindruckendes Bild.

Ich stelle mir die Pracht vor,
Schmuck und Gold und Edelsteine –
und stolze Menschen.

Ich stelle mir deine Verehrung vor,
Gott –
groß-artig.

Wie klein sind unsere Prozessionen,
wenn es sie gibt –
und wie vor-sichtig sind wir.

Ich glaube daran:
Im Kleinen bist du da,
Gott auf unseren Straßen –
in Menschen lebendig.

Thronsaal seines Sohnes Nebukadnezars und Belschazzar

Babylon – Thronsaal des Nebukadnezars

Biegt man von der Prozessionsstraße durch einen Mau-
erdurchgang nach Wes-
ten ab, gelangt man zu
den Ruinen der Nord-
burg. In diesem Palast
bewahrte Nebukadnezar
seine Kunstsammlung auf, unter
anderem Schätze, die er bei seinen
Kriegszügen erbeutet hatte.
Heute steht an dieser Stelle noch der „Löwe von Babylon", ein in einen Basaltblock gehauener, zwei mal
drei Meter großer Löwe, der einen Menschen unter
sich gefangen hält.

Vorbei an den Resten der Stadtmauer gelangt
man zur „Südburg", dem Hauptpalast, einem riesigen
Areal mit einem Umfang von 322 mal 190 Metern,
an dem drei Generationen von babylonischen Herrschern bauten. Der imposanteste Teil ist wohl der
rekonstruierte Thronsaal Nebukadnezars, eine Halle
von 52 mal 17 Metern, in der der König seine Emp-
fänge und Feste abhielt.

Erlebnis

Unser Guide erklärt uns: „In diesem Saal gab alljähr-
lich Saddam Hussein ein großes Bankett, um sich
selbst als Nachfahre des mächtigen Nebukadnezars
zu demonstrieren."

Wir stellen uns mitten im Saal in eine Runde und lesen das 5. Kapitel aus dem Buch des Propheten Daniel:

„König Belschazzar, der Sohn Nebukadnezars, gab ein großes Gastmahl. In seinem Übermut ließ er die aus dem Tempel von Jerusalem geraubten heiligen Geräte holen und befahl, daraus zu trinken. Da erschien eine große Hand, die an der weiß getünchten Wand des Saales schrieb. Der König erbleichte und befahl seinen Wahrsagern und Astrologen, die Schrift zu deuten. Da sie es nicht konnten, verwiesen sie auf den jüdischen Propheten Daniel, den man nun vor den König brachte. Der König versprach ihm Macht und Reichtum, wenn er die Schrift deuten könne.

Daniel gab dem König zur Antwort: Behalte deine Gaben oder schenk sie einem andern! Aber die Schrift will ich für den König lesen und deuten. Mein König! Der höchste Gott hat deinem Vater Nebukadnezar Herrschaft und Macht, Herrlichkeit und Majestät gegeben. Vor der Macht, die ihm verliehen war, zitterten und bebten alle Völker, Nationen und Sprachen. Er tötete, wen er wollte, und ließ am Leben, wen er wollte. Er erhöhte, wen er wollte, und stürzte, wen er wollte. Als aber sein Herz überheblich und sein Geist hochmütig wurde, stürzte man ihn von seinem königlichen Thron, und er verlor die Herrscherwürde. ...

Obgleich nun du, sein Sohn Belschazzar, das alles weißt, bist du in deinem Herzen doch nicht bescheiden geblieben. Du hast dich gegen den Herrn des Himmels erhoben und dir die Gefäße aus seinem Tempel herbeischaffen lassen. Du und deine Großen, deine Frauen und Nebenfrauen, ihr habt daraus Wein getrunken. Du hast die Götter aus Gold und Silber, aus Bronze, Eisen, Holz und Stein gepriesen, die weder sehen noch hören können und keinen Verstand haben. Aber den Gott, der deinen Lebensatem in seiner Hand hat und dem all deine Wege gehören, den hast du nicht verherrlicht. Darum hat er diese Hand geschickt und diese Schrift geschrieben.

Das Geschriebene lautet aber: Mene mene tekel u-parsin. Diese Worte bedeuten: Mene: Gezählt hat Gott die Tage deiner Herrschaft und macht ihr ein Ende. Tekel: Gewogen wurdest du auf der Waage und zu leicht befunden. Peres: Geteilt wird dein Reich und den Medern und Persern gegeben.

Da befahl Belschazzar, Daniel in Purpur zu kleiden und ihm eine goldene Kette um den Hals zu legen, und er ließ verkünden, dass Daniel als der Dritte im Reich herrschen sollte. Aber noch in derselben Nacht wurde Belschazzar, der König der Chaldäer, getötet, und der Meder Darius übernahm die Königsherrschaft im Alter von zweiundsechzig Jahren." (Daniel 5,17-6,1)

Nach der Lesung dieses Textes fühlen wir uns wie in eine andere Welt und Zeit versetzt. Wir schauen uns betroffen die Wände des Thronsaales an. Im Geist sehen wir die Menschenmenge versammelt und die schreibende Hand an der Wand.

Bedeutung

Reiche kommen und gehen. Machthaber steigen auf und stürzen ab. Auch Dynastien, die über Jahrhunderte hinweg die Macht an sich reißen, ausbauen und verteidigen konnten, nehmen sich vor der Geschichte der Menschheit aus „wie ein Tropfen am Eimer, sie gelten soviel wie ein Stäubchen auf der Waage" (Jes 40,15). Mochte ein Mächtiger wie Nebukadnezar auch als Weltwunder gepriesene „hängende Gärten", den ersten botanischen Garten mit der umfangreichsten Sammlung an Pflanzen, errichtet haben, andere überrollten sein Reich – und heute stehen wir vor Ruinen.

Der Prophet Jesaja sang ein Spottlied auf den König von Babylon (Jes 14) und kündigte den Sturz Babylons an (Jes 13,19-22):

„Wie es Sodom und Gomorra erging, als Gott sie zerstörte, so wird es Babel ergehen, dem Kleinod unter den Königreichen, dem Schmuckstück der stolzen Chaldäer. Für immer wird es unbewohnt sein, bis zu den fernsten Generationen wird es nicht mehr besiedelt. Nicht einmal ein Beduine schlägt dort sein Zelt auf, kein Hirt lässt seine Herde dort lagern. Dort haben nur Wüstenhunde ihr Lager, die Häuser sind voller Eulen, Strauße lassen sich dort nieder, und Böcke springen umher. Hyänen heulen in Babels Palästen, in den Lustschlössern heulen Schakale. Die Zeit (seines Endes) steht nahe bevor, Babels (letzte) Tage verzögern sich nicht."

Für das Volk Israel war die Gefangenschaft in Babylon in den Jahren 586-538 ein wichtiger Meilenstein seiner Geschichte. Sie erlebten zwar die Macht des babylonischen Volkes, doch die Ohnmacht seiner Götter. Hatten die Israeliten in früherer Zeit ihren Gott Jahwe als den mächtigsten unter den Göttern gepriesen, so setzte sich jetzt endgültig die Erkenntnis durch: Es gibt überhaupt keinen anderen Gott als Jahwe! Das ist die Geburtsstunde eines Monotheismus, der sich bis heute in den drei großen Weltreligionen des Judentums, des Christentums und des Islam seinen Weg gebahnt hat. Zwar gab es unter dem Pharao Echnaton (1351–1334 v. Chr.) in Ägypten den Versuch, den Glauben an den einen Sonnengott Aton durchzusetzen. Doch schon dessen Nachfolger kehrten zu den althergebrachten Überzeugungen zurück. Die babylonische Gefangenschaft ist religionsgeschichtlich ein Wendepunkt des Glaubens an einen einzigen Gott.

So treten uns in Babylon zwei Themen entgegen: die Vergänglichkeit des Lebens, der Macht und Herrschaft auf der einen Seite und der Glaube an den einen Gott, der über allem steht, auf der anderen.

Die Thronsäle aus alten Zeiten können restauriert werden, und wir können sie als Zeugen vergangener Macht und Herrlichkeit besichtigen. Diese Thronsäle provozieren zugleich die Frage an jeden Betrachter und Besucher: „Wie hältst du es mit der Vergänglichkeit? Wie deutest du den Aufstieg und Niedergang von Menschen und ihrer Macht? Wie deutest du den Reichtum, den doch niemand mit ins Grab nehmen kann? Wie siehst du den Aufstieg und Niedergang deines eigenen Lebens?" Und: „Wie hältst du es mit der Religion?"

Blick über die gerissenen Mauern des Königspalastes

Thronsaal

Größe,
Macht
und Herrlichkeit –
ein Saal für den König.
Er feiert seine Macht
und sich.
Wie
Machthaber
heute.

Größe,
Macht
und Herrlichkeit
vergehen.
Tod
droht
allen
Herrschern.

Klein,
ohn-mächtig
und übersehbar –
so ist unser König-Gott.
Leben
geht
von ihm aus –
für alle.

Gottes Thronsaal
ist in mir.

Blick auf den Tigris in Bagdad

Euphrat und Tigris – das Zweistromland

Euphrat: 2.736 km Länge. Tigris: 1899 km Länge. Zu-
sammenfluss in den
Schatt-el-Arab, der 193
km, an Basra vorbei,
in den Persischen Golf
fließt. Das ganze Gebiet rund
um die beiden Flüsse heißt „Mesopotamien" – aus dem Griechischen
„zwischen den Flüssen". Das aramäische „beth
nahrin" bedeutet „Zweistromland".

Die alten Städte Ur, Uruk, Larsa, Babylon und Ma-
ri lagen am Euphrat, Assur, Nimrud und Ninive am
Tigris.

Wo es Wasser gibt, da ist Leben und da diffe-
renziert sich das Zusammenleben der Menschen.
Darum entwickelten sich die ersten Kulturen auch
an und zwischen Flüssen. Ägypten am Nil mit dessen jährlichen Überschwemmungen, die fruchtbaren
Schlamm hinterließen. Im Irak die Hochkulturen aufgrund von riesigen Bewässerungsanlagen, die das
Land fruchtbar machten. Den Bauern gelang in den
guten Zeiten des ausgehenden dritten Jahrtausends
eine dreißigfache Ernte des eingesetzten Saatgutes.
Später verminderte sich der Ertrag aufgrund der Versalzung des Bodens. Diese Versalzung ist heute beim
Durchqueren des Landes überall zu entdecken.

Gute Ernten bedeuten, dass mehr Menschen ernährt werden können. Mehr Menschen erfordern mit der Zeit eine Differenzierung der Gesellschaft. Das Königtum bildete sich heraus. Die Herrscher entwickelten sich um 3000 v. Chr. von Priesterfürsten zu Königen, die fremde Gebiete eroberten und unterwarfen. Großreiche entstanden. Parallel dazu bildete sich eine mächtige Priesterschaft für die Ausübung der Religion.

Erlebnis

Den tiefsten Eindruck von den beiden Flüssen hat zweifellos deren Zusammenfluss am „Garten Eden" hinterlassen. Doch auch an anderen Orten spüren wir die Bedeutung der Flüsse.

Ganz im Süden: Nach einer Übernachtung in einem durch die Wirtschaftssanktionen völlig heruntergekommenen Sheraton-Hotel in Basra fahren wir mit zwei Schiffen quer über den Schatt-el-Arab. Übermannsgroße Statuen, die entlang der Uferstraße aufgestellt sind, zeigen mit Fingern in Richtung Iran. „Diese Figuren zeigen dorthin, wo unsere eigentlichen Feinde leben", erklärt der Guide. Wir fahren vorbei an stillgelegten und verrottenden Lastkähnen. Und dann sehen wir die kilometerlangen Dattelpalmenhaine gegenüber der Stadt Basra. Vor dem ersten Golfkrieg, in dem die Hälfte der Bäume durch Beschuss zerstört wurden, sollen es die größten Haine der Welt und ein wesentlicher Wirtschaftsfaktor gewesen sein.

Ganz im Norden: Von den Fenstern des Ninive-Hotels in Mossul haben wir einen ausgezeichneten

Blick auf den Tigris. Die untergehende Abendsonne spiegelt sich auf dem Wasser in einer Weise, dass eine fast unwirkliche Atmosphäre entsteht. Mossul – das alte Ninive der Bibel.

In der Mitte des Landes: Die Stadt Babylon war am Euphrat erbaut. Eine Brücke führte über den Fluss. Hier meditieren wir Psalm 137:

„An den Strömen von Babel, da saßen wir
und weinten, wenn wir an Zion dachten.
Wir hängten unsere Harfen an die Weiden
in jenem Land.
Dort verlangten von uns die Zwingherren Lieder,
unsere Peiniger forderten Jubel:
‚Singt uns Lieder vom Zion!'
Wie könnten wir singen die Lieder des Herrn,
fern, auf fremder Erde?
Wenn ich dich je vergesse, Jerusalem,
dann soll mir die rechte Hand verdorren.
Die Zunge soll mir am Gaumen kleben,
wenn ich an dich nicht mehr denke,
wenn ich Jerusalem nicht zu meiner höchsten
Freude erhebe.
Herr, vergiss den Söhnen Edoms
nicht den Tag von Jerusalem;
sie sagten: ‚Reißt nieder,
bis auf den Grund reißt es nieder!'
Tochter Babel, du Zerstörerin!
Wohl dem, der dir heimzahlt, was du uns getan
hast!
Wohl dem, der deine Kinder packt
und sie am Felsen zerschmettert!"

Als die Israeliten nach der babylonischen Gefangenschaft in ihre Heimat zurückgekehrt waren, fanden sie ihren Tempel zerstört vor. Dieses Klagelied sagen sie wohl im Anblick des daniederliegenden Tempels, der für sie Mittel- und Zielpunkt aller ihrer Hoffnungen war.

Bedeutung

Die Israeliten wohnten unter anderem an den vielen Kanälen zwischen Euphrat und Tigris. Einer war der Exilprophet Ezechiel, der am Fluss Kebar mitten unter den Verschleppten lebte.

Die gottesdienstlichen Feiern hielten die Israeliten wohl an den Flussufern, da mit Klagefeiern auch Wasserzeremonien verbunden waren. Aus Trauer, fern von der Heimat und dem geliebten Sion zu sein, entfielen die mit Instrumenten begleiteten Hymnengesänge. Die Harfen hingen in den Bäumen. Selbst die fremden Herren und deren Befehle konnten die Israeliten nicht dazu bringen, Zionslieder zu singen. Feierliche Selbstverwünschungen für den Fall, dass jemand Jerusalem vergessen würde und sich den Landesherren und ihrem Glauben angleichen würde, unterstreichen die Ernsthaftigkeit der Trauer. Der für unsere heutigen Ohren skandalöse Schlusssatz bittet darum, dass sich das erfüllt, was vom Propheten Jesaja (13,16) geweissagt wurde: „Vor ihren Augen werden ihre Kinder zerschmettert, ihre Häuser geplündert, ihre Frauen geschändet."

Das tief empfundene Heimweh nach dem, was in einem Menschenleben, im Leben eines Volkes, im Leben einer Religion wertvoll und wichtig ist, ist natürlich. Wer kein Heimweh und keine Sehnsucht hat nach Werten und Idealen, nach Orten und Menschen, lebt eigentlich nur noch vor sich hin.

Nicht mehr vorstellbar sind die Verwünschungen eines Feindes nach dem Vergeltungsprinzip, wie sie im Buch Exodus 21,23-25 beschrieben werden: „Ist weiterer Schaden entstanden, dann musst du geben: Leben für Leben, Auge für Auge, Zahn für Zahn, Hand für Hand, Fuß für Fuß, Brandmal für Brandmal, Wunde für Wunde, Strieme für Strieme." Für Christen gilt grundsätzlich das Wort Jesu: „Ihr habt gehört, dass gesagt worden ist: Du sollst deinen Nächsten lieben und deinen Feind hassen. Ich aber sage euch: Liebt eure Feinde und betet für die, die euch verfolgen."

Sonnenuntergang am Tigris in Mossul

Du führst mich ins Leben

„An den Strömen von Babel,
da saßen wir und weinten,
wenn wir an Zion dachten." (Ps 137,1)

Die Kinder Israels,
weit
weg
von zu Hause,
verschleppt
und verbannt.
Tränen am Ufer.

Ich bin
weit
weg
vom Leben,
entfremdet
und isoliert.
Tränen der Sehnsucht.

An das Wasser der Taufe
denke ich und freue mich:
Du führst mich ins Leben.

Rekonstruiertes Tor zur Stadt Ninive

Ninive –
Stadt des Propheten Jona

Die alte Stadt Ninive ist heute
Teil der Stadt Mossul. Bei
Grabungen hat man
Reste von Siedlungen
aus dem 6. Jahrtau-
send v. Chr. gefunden.
Andere Funde wie Keramik
weisen auf einen ausgedehnten
Handel um 3000 v. Chr. hin.
Im 17. Jahrhundert wurde Ninive Hauptstadt des assyrischen Reiches. Nach einem zwischenzeitlichen
Bedeutungsverlust renovierte und erweiterte König
Sanherib (705-681) Ninive, machte es zum letzten
Mal zur Hauptstadt, bevor das assyrische Reich 612
unterging. Er erbaute den „Südwest-Palast" mit Au-
dienzhalle, Residenzräumen und vielfältigen Kammern, die nur teilweise ausgegraben sind. Doch Reste von steinernen Wandverkleidungen mit wunder-
baren Reliefs und Reste von Stierdämonen erinnern
an die damalige Pracht des Palastes.

Der „Nordpalast" wurde später von Assurbani-
pal (669-629) errichtet. Er enthielt eine fantastische
Bib-liothek mit mehr als 30000 Tontafeln, die das gesamte Wissen Mesopotamiens enthalten haben sollen und heute im Britischen Museum in London auf-
bewahrt werden.

Die teilweise rekonstru-
ierte, 12 km lange Mauer Ni-
nives mit ihren ehemals 15
Toren beeindruckt. Drei Tage brauchte man, um durch
die alte Stadt zu wandern,
und 12.000 Einwohner soll
sie nach Angaben der Bi-
bel im Buch Jona (3,3 und
4,11) beherbergt haben. An
den Toren erblickt man die
steinernen Wächter, die die
Stadt und deren Einwohner
bewachten.

Moschee des Propheten Jona in Mossul / Ninive

Erlebnis

Wir kommen zum Tell Na-
bi Yunis, einem Hügel, auf
dem eine sehr alte Moschee
erbaut ist. Der Guide erklärt,
bevor wir aus dem Bus aussteigen: „Hier befindet
sich das Grab des Propheten Jona." Wir steigen den
pyramidenförmig angelegten Weg zur Moschee hinauf und betreten einen kühlen Innenhof. Dort stellen
wir uns in eine Ecke, um aus dem Buch des Propheten Jona zu lesen. Wir lassen uns Zeit, um die ganze
Schrift zu lesen.

Wir lesen davon, dass Jona von Gott nach Ninive geschickt wurde, um der Stadt das Strafgericht
anzudrohen. Jona flüchtete vor dem Auftrag und
der Schlechtigkeit der Stadt. Er wollte über das
Meer fliehen. Als ein Sturm das Schiff zu versen-

ken drohte, warfen die Seeleute den flüchtenden Jona über Bord. Ein Fisch verschluckte ihn, rettete ihm damit das Leben und spie ihn drei Tage später wieder an Land. Nun ging Jona endlich nach Ninive.

„Jona begann, in die Stadt hineinzugehen; er ging einen Tag lang und rief: Noch vierzig Tage, und Ninive ist zerstört! Und die Leute von Ninive glaubten Gott. Sie riefen ein Fasten aus, und alle, groß und klein, zogen Bußgewänder an. Als die Nachricht davon den König von Ninive erreichte, stand er von seinem Thron auf, legte seinen Königsmantel ab, hüllte sich in ein Bußgewand und setzte sich in die Asche. Er ließ in Ninive ausrufen: Befehl des Königs und seiner Großen: Alle Menschen und Tiere, Rinder, Schafe und Ziegen sollen nichts essen, nicht weiden und kein Wasser trinken. Sie sollen sich in Bußgewänder hüllen, Menschen und Tiere. Sie sollen laut zu Gott rufen, und jeder soll umkehren und sich von seinen bösen Taten abwenden und von dem Unrecht, das an seinen Händen klebt. Wer weiß, vielleicht reut es Gott wieder, und er lässt ab von seinem glühenden Zorn, so dass wir nicht zugrunde gehen. Und Gott sah ihr Verhalten; er sah, dass sie umkehrten und sich von ihren bösen Taten abwandten. Da reute Gott das Unheil, das er ihnen angedroht hatte, und er führte die Drohung nicht aus." (Jona 3,4-10)

Wir wissen zwar, dass diese biblische Lehrerzählung nicht historisch ausgelegt werden darf. Ninive gilt typologisch als gottfeindliche Stadt, die sich aber aufgrund der Bußpredigt des Jona bekehrt. Dennoch spüren wir hier in großer Deutlichkeit: Der Irak ist ein biblisches Land. Es ist ein Land der Propheten.

Der Guide hat eine große Tasche mitgebracht, aus der er nun lange schwarze Gewänder für die Frauen hervorholt. Wir dürfen uns im gesamten Irak frei mit unserer europäischen Kleidung bewegen. Nur die Frauen müssen in Moscheen und an heiligen Orten sich Kopftücher so anlegen, dass nichts mehr von den Haaren zu sehen ist. Die Moschee in Ninive empfinden die Iraker als einen besonders heiligen Ort, der auch der besonderen Kleidung bedarf. Doch das Ganze hat auch seine lustigen Aspekte. Als die Frauen mit den ungewohnten Gewändern am Eingang zu den Gebetsräumen ihre Schuhe ausziehen, stolpern sie ein wenig in den langen Gewändern, so dass die muslimischen Frauen ihre helle Freude haben.

Dann betreten wir das Heiligtum. Überall knien Menschen auf ihren Gebetsteppichen und beten mit großer Andacht. In einer Reihe gehen wir an dem Kenotaph vorbei, der das Grab des Propheten anzeigt. Wir streifen mit unseren Händen über das vergoldete Gitter und haben das Gefühl: Eine sehr lange Tradition lebendigen Glaubens berührt uns an dieser Stelle.

Bedeutung

Die Jona-Geschichte der Bibel, die an einem solchen Ort auflebt, kann geistliche und spirituelle Prozesse im Blick auf das eigene Leben auslösen.

So stellen sich Fragen wie: Welche Aufgabe soll wohl ich persönlich im Leben erfüllen? Kann ich diese Lebensaufgabe als Auftrag Gottes, der mich ruft und beruft, verstehen? Oder ist mir dieses Denken eher fremd?

Weitere Fragen können sein: Wo weiche ich Aufgaben aus und drücke mich um Ansprüche herum, die das Leben stellt?

Wie Jona, der auf das Schiff flüchtet, können auch in meinem Leben Fluchtgedanken auftauchen: Wie und wo laufe ich davon? Wo erlebe ich mein eigenes Unvermögen, meine Grenzen, meine Ohnmacht? Wo bin ich am „Ende"?

Doch mit Jona gibt es für jede und jeden immer wieder Lichtblicke: Wo kann und sollte ich einen Neuanfang wagen? Wo habe ich die Chance eines Neubeginns? Wie bekomme ich in Problemsituationen wieder festen Boden unter die Füße?

Schließlich stellt sich die Frage nach meiner Fähigkeit, innerlich Kehrtwendungen zu vollziehen. Der König und das ganze Volk von Ninive taten Buße und machten sich auf einen neuen Weg: Wo steht es bei mir an, innerlich umzukehren, neue und richtige Wege zu suchen und zu finden?

Am Grab des Propheten Jona

Blick entlang der Mauer von Ninive

Um-kehr

Manchmal will ich nicht,
was du von mir willst.
Ich habe meine Pläne
und ein Ziel.

„Mach dich auf den Weg und geh nach Ninive,
in die große Stadt." (Jona 1,1)

Ich will nicht!

„Ninive war eine große Stadt vor Gott;
man brauchte drei Tage, um sie zu durchqueren."
(Jona 3,3)

Ich kann nicht!

„Mir aber sollte es nicht leid sein um Ninive,
die große Stadt?" (Jona 4,11)

Ich wende mich
dir zu, mein Gott.
Kannst du noch einmal sagen,
was du von mir willst?

Löwe aus Basalt, der einen besiegten Feind unter sich begräbt, in Babylon

Irak –
das Land der Propheten

Der „Löwe von Babylon"
und die Propheten

An der Stelle, an der Babylons Paläste standen und Nebukadnezar seine Kunstschätze aufbewahrte, steht heute der „Löwe von Babylon". Der etwa 3300 Jahre alte Basaltblock stellt einen drei Meter großen Löwen dar, der einen Menschen unter sich gefangen hält.

Das Kunstwerk gab Anlass zu vielen Deutungen. Vielleicht stellt es am ehesten die Macht Babylons dar, die sich über eroberte Länder und unterworfene Menschen beugt. In einer wechselhaften Geschichte herrschten die Könige von Babylon über weite Teile Mesopotamiens, bis König Kyros von Persien 538 dem Reich ein Ende setzte.

Die Herrschaft Babylons bedeutete für die umliegenden Völker Unterdrückung und Ausbeutung, so auch für Israel. Die israelitischen Propheten begleiteten die politischen Vorgänge kritisch und aus religiöser Sicht. Sie warnten vor dem mächtigen Löwen von Babylon, sie beklagten und kommentierten dessen Herrschaft und die Verschleppung vieler Israeliten in das Exil. Doch sie weissagten auch dessen Vernichtung.

Visitenkarten der Propheten

In vielen jüdischen und christlichen Gottesdiensten rund um den Erdball wird immer wieder aus den Büchern der alttestamentlichen Propheten Jesaja, Jeremia, Ezechiel und Daniel vorgelesen. Diese Texte, die viele Menschen kennen, sind entweder in Mesopotamien geschrieben oder handeln von den Erfahrungen in diesem Land während der babylonischen Gefangenschaft (586-538). Das macht deutlich: Der Irak ist nicht nur ein biblisches Land allgemein, sondern besonders ein Land der Propheten – ard-el-anbia – Erde der Propheten.

Jesaja

Das Buch, das den Namen Jesaja trägt, ist über einen längeren Zeitraum entstanden und von verschiedenen Autoren verfasst. Der erste Autor des Buches, der unter dem Namen Jesaja schreibt und etwa 740 - 701 v. Chr. gelebt hat, warnt in Israel vor einem Bündnis mit dem gottlosen Assur (Jes 7,1-9,6). Später warnt der Prophet, sich an einem Aufstand gegen das übermächtige assyrische Reich zu beteiligen, der dann doch 716 - 711 stattfand (Jes 18,20 und 28-30).

Der zweite Autor des Jesaja-Buches versetzt den Leser in eine andere Welt. Die Israeliten leben im Exil in Babylon (Jes 40-55). Jesaja deutet das Exil als eine Strafe Gottes für die Sünden der Menschen. Als der persische König Kyros Babylon erobert und Israel 538 aus der Gefangenschaft heimkehren kann, deutet Jesaja das so: Gott erweckt Kyros und macht ihn dadurch zum Werkzeug seines göttlichen Willens. In einem Edikt gewährt Kyros Religionsfreiheit, und die Israeliten können, wenn sie wollen, aus der Gefangenschaft nach Hause ziehen.

Der dritte Jesaja schließlich schreibt an das Volk, das aus dem babylonischen Exil zurückgekehrt ist.

Jeremia

Der Prophet Jeremia (640-587) warnt 40 Jahre lang das Volk vor der bevorstehenden Katastrophe des babylonischen Exils und fordert zur Buße auf. Er selbst bleibt von der Verschleppung nach Babylon verschont. In Briefen, die er seinem Prophetenschüler Baruch diktiert, warnt und tröstet er seine Landsleute, die in Bablyon aushalten müssen. Gegen seinen Rat ermorden die in Jerusalem zurückgebliebenen Juden den Statthalter Gedalja. Jeremia muss darum mit anderen nach Ägyptern fliehen und stirbt dort.

Ezechiel

Ezechiel wird mit König Jojachim und vielen Landsleuten von Nebukadnezar in die Verbannung nach Babylon verschleppt. Er macht den Verschleppten klar, dass eine schnelle Rückkehr nicht möglich ist und die Stadt Jerusalem und ihr Tempel zerstört werden. Dann aber stellt er das rettende Eingreifen Gottes in Aussicht. Gott Jahwe verkündet er als Gott aller Völker, nicht mehr nur als Gott für Israel und dessen Land.

Daniel

Daniel lebt während des babylonischen Exils als jüdischer Gefangener am Hof von Babylon. Zwei Er-

Wie ein Prophet

zählungen prägen besonders das Bild des Propheten Daniel: Daniel und drei Freunde sollen den heid-
nischen Standbildern opfern, bleiben aber ihrem Gott
treu und weigern sich. Nebukadnezar lässt sie in einen glühenden Ofen werfen. Doch ein Engel rettet
sie. In einer anderen Erzählung veranlassen nei-
dische Beamte, dass Daniel in eine Löwengrube ge-
worfen wird. Doch Gott rettet ihn, die Löwen tun ihm
nichts zuleide. König Darius ordnet daraufhin an: „Im
ganzen Gebiet des Reiches soll man vor dem Gott
Daniels zittern und sich vor ihm fürchten. Denn er ist
der lebendige Gott." (Daniel 6,26)

Erlebnis

Während des Weges durch die riesigen Anlagen des
alten Babylon stehen wir vor der ungeheueren Sta-
tue des „Löwen von Babylon". Wir umschwärmen
den Koloss und postieren uns nacheinander zu Fo-
tos vor der imponierenden Gestalt. Schließlich stellt
sich die ganze Reisegruppe auf, und der Guide fotografiert.

Im Nachhinein stellt sich heraus, dass wir solche
Gemeinschaftsfotos während der gesamten Irakreise
eher selten gemacht haben. Hier vor der imposanten
Erscheinung des Löwen war ein solches Foto selbstverständlich.

Dann stehen wir im Kreis vor dem Löwen und lesen aus dem Buch des Propheten Jeremia. Der Prophet spricht vom Untergang des Großreiches und
von der Heimkehr Israels nach Jerusalem und seinem angestammten Land:

„Ein versprengtes Schaf war Israel, von Löwen gehetzt. Zuerst hat es der König von Assur gefressen, zuletzt hat ihm Nebukadnezar, der König von Babel, die Knochen abgenagt.

Darum – so spricht der Herr der Heere, der Gott Israels: Fürwahr, ich rechne ab mit dem König von Babel und seinem Land, wie ich abgerechnet habe mit dem König von Assur.

Israel aber bringe ich zurück auf seinen Weideplatz; es soll auf dem Karmel und im Baschan weiden, sich im Bergland Efraim und in Gilead sättigen." (Jer 50,17-19)

Dieser Text passt nun gar nicht zu dem guten Gefühl, sich mit dem über aller Zeit stehenden Löwen von Babylon fotografieren zu lassen. Die Solidarität, die im Text zum Ausdruck kommt, gilt dem kleinen Menschen, den der Löwe in seinen Pranken hält.

Bedeutung

So liegt es im Blick auf den „Löwen von Babylon" nahe, über die Vergänglichkeit von Macht und Größe nachzudenken. Standbilder mögen 3000 Jahre und mehr überdauern. Das, was sie darstellen, ist meist brüchig, vergänglich und von kurzer Dauer.

Diese Überzeugung wird bleibender Bestandteil des Glaubens. Bis auf den heutigen Tag beten die Christen, im offiziellen Stundengebet der Kirche sogar täglich, ein Lied des Neuen Testamentes, das Maria, der Mutter des Jesus von Nazareth, in den Mund gelegt wird:

„Meine Seele preist die Größe des Herrn,
und mein Geist jubelt über Gott, meinen Retter.
Er erbarmt sich von Geschlecht zu Geschlecht
über alle, die ihn fürchten.
Er vollbringt mit seinem Arm machtvolle Taten:
Er zerstreut, die im Herzen voll Hochmut sind;
Er stürzt die Mächtigen vom Thron
und erhöht die Niedrigen.
Er nimmt sich seines Knechtes Israel an
und denkt an sein Erbarmen,
das er unsern Vätern verheißen hat,
Abraham und seinen Nachkommen auf ewig."
(Lk 1,46-55)

Mit den Mächtigen, die untergehen, erweisen sich – so die biblische Botschaft – auch deren Götter als null und nichtig. Es gibt nur einen Gott, und das ist Jahwe. Er ist der Herr der Geschichte, er hält die Zügel der Weltgeschichte in Händen. Alle anderen so genannten Götter sind menschliche Machwerke aus Holz und Metall, selbst wenn das Metall noch so edel sein mag.

Das ist in dieser Klarheit selbst für das Volk Israel nicht selbstverständlich. Ihr Gott Jahwe war für sie immer der Höchste aller Götter. Dass die anderen Völker ihre Götter besaßen, nahmen sie als gegebene Tatsache hin. Doch durch die Erfahrungen im babylonischen Exil steht es für Israel fest: Diese anderen Götter existieren gar nicht!

So findet Israel durch die Erfahrungen des Exils zu einem überzeugten Monotheismus. Damit ist ein Meilenstein in der Religionsgeschichte erreicht. Mo-

Brunnen in Nimrud

128

notheistische Tendenzen früherer Zeit, etwa unter Pharao Echnaton in Ägypten, waren von kurzer Dauer. Jetzt setzt sich die Vorstellung des einen und einzigen Gottes endgültig durch, wie sie bis auf den heutigen Tag in Judentum, Christentum und Islam gelebt und geglaubt wird.

Ausgetrockneter Boden

Ard-el-anbia

Ard-el-anbia,
seit Jahrtausenden
Erde der Propheten,
Mesopotamien,
heiliges Land.

Ard-el-anbia,
Daniel, Hiob, Jona
haben gelebt
auf dir,
Erde der Propheten.

Ard-el-anbia,
wir
be-greifen
dich,
Erde der Propheten –
zaghaft,
zuversichtlich,
kraftvoll.

Ard-el-anbia,
du
er-innerst
uns,
Prophetinnen
und
Propheten
zu sein.

Tasche in der Hand eines geflügelten Genius in Nimrud

Nimrud – und die alten Götter

Von weitem schon sieht man
die Zikkurat von Nimrud,
dessen Tempel dem
Kriegsgott Ninurta ge-
weiht war. Das 35 Ki-
lometer südöstlich von
Mossul liegende Nimrud wur-
de in der Antike Kalchu, in der Bibel
Kelach genannt. König Salmanassar I.
(1274-1245 v. Chr) baute die über 5000 Jahre alte
Siedlung als Stadt auf. Im 9. Jahrhundert wurde sie
Hauptstadt des assyrischen Reiches mit prachtvollen
Tempeln für die Götter Nabu, Enil und Ninurta.

In der Vielfalt der Paläste, durch deren zum Teil
restaurierte Ruinen der Besucher gehen kann, fallen
besonders die zum Teil gut erhaltenen Steinreliefs
auf, die als Wandverkleidung und Wandschmuck vor
den Mauern befestigt waren. Die Alabastertafeln erzählen von dem Sieg über die Feinde. Der König, be-
waffnet mit Bogen und Speer, hat einen Fuß auf den
Nacken seines Feindes gestellt. Texte wie „Er tram-
pelte seine Gegner nieder" beschreiben den sieg-
reichen König.

Besonders am Nordwestpalast, von König Assur-
narispal II. („Gott Assur beschützt den Sohn", 883-
858) erbaut, schützen riesige monolitische Stier-
mensch-Skulpturen die Eingänge. Sie sollen Unheil
abwenden und die Bewohner schützen. Diese Misch-
wesen mit Flügeln und Götterköpfen tragen Kronen,

die wie Fischköpfe aussehen. Die Fischschuppen am Bauch verstärken den Eindruck, dass übernatürliche Wesen die Besucher empfangen. Fünf Beine besitzen sie, damit es von jeder Blickrichtung so aussieht, als würden sie voranschreiten.

Erlebnis

Mit unserer Reisegruppe gehen wir stundenlang durch die Anlagen von Nimrud. Wir stehen vor den Wandreliefs und lassen uns die in Stein gehauenen Königsideologien erklären. Ehrfürchtig schreiten wir über Jahrtausende alte Originalsteine in Innenhöfen und Palastsälen. Wir schauen in die Tiefe eines Brunnens, der auch nach dreitausend Jahren noch Wasser besitzt. Wir besteigen uralte Treppen und versuchen, etwas vom Lebensgefühl der Machthaber des alten Assyrien zu spüren.

Beeindruckend und zugleich erschreckend empfinden wir die totale Einheit von Macht, Politik, Gesellschaft und Religion. Die Götter sind alles, und der König präsentiert ihren Willen. Der Wille des Königs ist der Wille Gottes und umgekehrt. Weltliche Vorgänge sind immer zugleich religiöse Ereignisse, die aber von allmächtigen Menschen verfügt und durchgesetzt werden. Die einzelnen Menschen, besonders die unter die Füße der Sieger geratenen, spielen keine Rolle.

Dann stehen wir vor einem dieser vier Meter hohen Kolosse und lesen aus dem Buch Genesis (10,8-11), wo die Geschlechterfolge nach Noach beschrieben wird:

„Kusch zeugte Nimrod; dieser wurde der erste Held auf der Erde. Er war ein tüchtiger Jäger vor dem Herrn. Deshalb pflegt man zu sagen: Ein tüchtiger Jäger vor dem Herrn wie Nimrod. Kerngebiet seines Reiches war Babel, Erech, Akkad und Kalne im Land Schinar. Von diesem Land zog er nach Assur aus und erbaute Ninive, Rehobot-Ir, Kelach sowie Resen, zwischen Ninive und Kelach, das ist die große Stadt."

Der Text gehört zu jenen Genealogien, in denen versucht wird, bekannte Orte und Namen auf ihre Ursprünge hin zurückzuführen. Namen von Menschen werden zu Namen von Landschaften und Städten. Letztlich steht hinter den Versuchen die Überzeugung: Das, was wir hier und heute sehen und bestaunen, hat eine lange, bis zu den Ursprüngen der Menschheit reichende Geschichte, die von Gott begleitet und gewollt ist.

Unter dem Blick der mythischen Doppelwesen, die Menschliches und Göttliches in sich vereinigen, entdecken wir die Sehnsucht der Menschen nach Einheit mit dem, was das Leben der Menschen und ihre Geschichte trägt. Es ist eine Gottessehnsucht, die sich ihre Bilder und Vorstellungen und ihre Erfahrungen sucht.

Bedeutung

In den Mythen und Religionen der Menschheit haben die Menschen aller Zeiten ihren Ursprung und das Ziel ihres Lebens gesucht. Die alten Gesellschaften, wie die etwa in Assyrien oder Babylonien, doch auch die Gesellschaften, die den Hintergrund für die Texte des Ersten Testamentes stellen, waren oft gewalttätig und nach unserem Gefühl inhuman. Ebenso machthungrig waren deren Götter, die sozusagen das göttliche Spiegelbild dieser Gesellschaften darstellten.

Sehr weit davon entfernt ist ein christliches Gottesbild, das einen Gott zeichnet, der unbedingt das Wohlergehen und das Heil der Einzelnen und aller Menschen will. Er ist kein unberechenbarer oder launischer Gott, dessen Wohlwollen die Menschen immer wieder neu erkaufen müssten. Er ist ein Gott voller Gnade und Barmherzigkeit, der sich nicht scheut, in Jesus Christus die Berührung mit den Menschen zu suchen.

Zugleich ist bei aller Nähe Gottes zu den Menschen in diesem christlichen Gottesbild die totale Einheit von Göttlichem und Menschlichem aufgehoben. Gott ist im Leben der Menschen und in der Geschichte der Menschen anwesend. Er ist der fürsorgliche Planer und Lenker der Geschicke der Menschen. Doch er geht nicht in den Dingen und Ereignissen der Welt auf. Er ist auch der Gott, der ganz anders als alle Vorstellungen der Menschen ist. Er ist transzendent – jenseits der sichtbaren und erlebbaren Wirklichkeit.

Auch wenn unser Gottesbild ein anderes ist, ist die Beschäftigung mit den alten Kulturen und religiösen Vorstellungen eine Bereicherung. Sie lässt das Leben und den Glauben früherer Zeiten begreifen und schärft zugleich den Blick für das eigene Leben heute. Sie schärft den Blick für die eigenen Lebensentwürfe, für die eigenen religiösen Vorstellungen und für den tragenden Grund der eigenen Existenz.

Relief eines Genius

Menschenköpfiges Flügeltier, das fünf Beine besitzt,
so dass man von der Seite vier und von vorn zwei Beine sieht

Gottes-Bild

Das ist nicht
mein Bild von dir, Gott:
ein Wesen mit fünf Beinen.
Wohl aber
bist du vollkommen,
von welcher Seite auch immer ich
dich betrachte.

Das ist nicht
mein Bild von dir, Gott:
ein Wesen mit Flügeln.
Wohl aber
bist du kraft-voll,
und deine Liebe umschließt
mich.

Das ist nicht
mein Bild von dir, Gott:
ein Wesen mit Hörnern.
Wohl aber
bist du macht-voll,
wo auch immer du
dich zeigst.

Das ist nicht
mein Bild von dir, mein Gott:
ein Wesen aus Stein.
Wohl aber
bist du beständig,
und ich glaube an deine Treue
zu mir.

Heruntergekommener Gott

Ich preise dich,
den heruntergekommenen Gott,
weil du nicht
zu erhaben
bist,
herabzusteigen vom Thron.

Ich preise dich,
den heruntergekommenen Gott,
weil du nicht
zu groß
bist,
dich klein zu machen.

Ich preise dich,
den heruntergekommenen Gott,
weil du dir nicht
zu schade
bist,
herunterzukommen in den Schmutz.

Ich preise dich,
den heruntergekommenen Gott,
weil du
Mensch
wirst
im Stall.

Ich preise dich,
den heruntergekommenen Gott,
weil du
klein
wirst,
um uns groß zu machen.

Nachwort

„Mit Hochachtung betrachtet die Kirche auch die Muslime, die den alleinigen Gott anbeten, den lebendigen und in sich seienden, barmherzigen und allmächtigen, den Schöpfer Himmels und der Erde, der zu den Menschen gesprochen hat. Sie mühen sich, auch seinen verborgenen Ratschlüssen sich mit ganzer Seele zu unterwerfen, so wie Abraham sich Gott unterworfen hat, auf den der islamische Glaube sich gerne beruft... Da es jedoch im Lauf der Jahrhunderte zu manchen Zwistigkeiten und Feindschaften zwischen Christen und Muslimen kam, ermahnt die Heilige Synode alle, das Vergangene beiseite zu lassen, sich aufrichtig um gegenseitiges Verstehen zu bemühen und gemeinsam einzutreten für Schutz und Förderung der sozialen Gerechtigkeit, der sittlichen Güter und nicht zuletzt den Friedens und die Freiheit für alle Menschen."

Erklärung des Zweiten Vatikanischen Konzils über das Verhältnis der Kirche zu den nichtchristichen Religionen (Nr. 3)